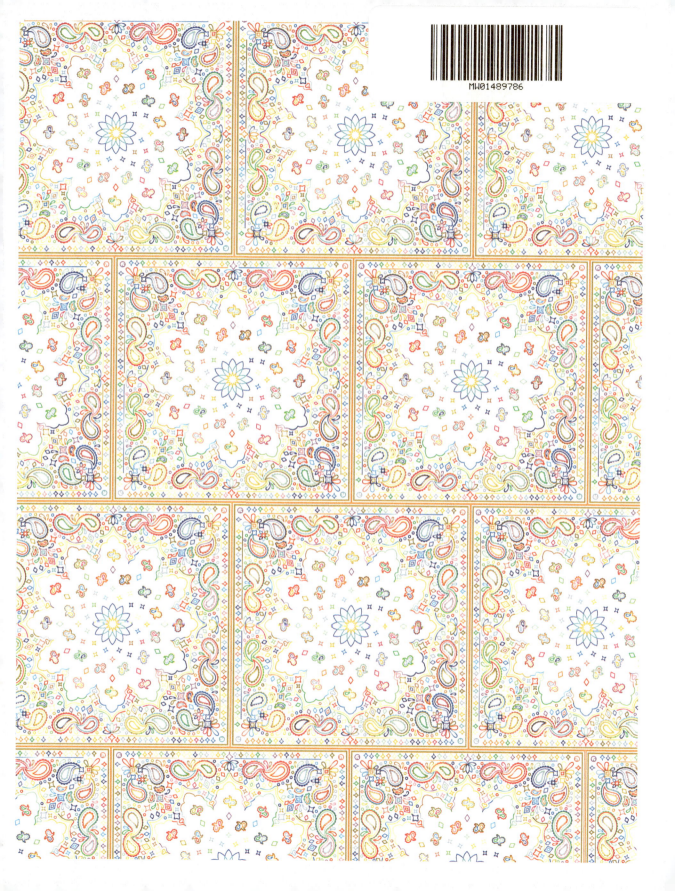

MW01489786

21	Sajan ji gher aye	Kuch kuch hota hai	44
22	Maine payal hai chankayi	Falguni Pathak	47
23	Chitta kukkar	Musarrat Nazeer	49
24	Maye ni maye mundair pe tere	Hum apke hain kon	50
25	Palki meh hoke sawar	Khal Nayak	51
26	Banno ki saheli	Kabhi khushi kabhi gham	53
27	Dholi taro dhol bajay	Hum dil de chuke sanam	57
28	Ghar aya mera pardesi	Awara	61
29	Ayi mehndi ki yeh raat	Jawad Ahmed	62
30	Mere nehar se aj mujhe aya	Abida Khanam	65
31	Hath meh zard rumaal	Unknown	66
32	Mathhay te chamkan waal	Mussarat Nazeer	67
33	Bhoomro Bhoomro	Mission Kashmir	68
34	Taareef karoon kia uski	Kashmir ki kali	71
35	Tenu leke mei jawanga	salaam-e-ishq	73
36	Ko ko korina	Alamgeer	74
37	Mehendi laga ke rakhna	Dilwale dulhania le jayeinge	76
38	Mahi ve	Kal ho na ho	79
39	The Medley	Mujhse dosti karogi	82
40	Banno tere abba ki oonchi haveli	Unknown	87

41	Maine tumhari gagar se	Alamgeer	88
42	Luddi he jamalo	Ali Haider	90
43	Ballay Ballay	Bin Roye	92
44	Zara Dholki Bajao Gorion	Adnan Sami	94
45	Sanwali Saloni si mehbooba	Vital Signs	97
46	Kabhi Payal Baaje chan	Raheem Shah	98
47	Dilwale dulhanian lejayeinge	Chor machaye shor	99
48	Pyara bhaiya mera	Kya Kehna	101
49	Chotay chotay bhaiyun ke barray bhaiya	Hum saath saath hain	103
50	Lo chali mei	Hum apke hain kon	105
51	Shadmani ho shadmani	Boxer	107
52	Mehndi ni mehendi	Mussarat Nazeer	108
53	Lathay di chaddar	Mussarat Nazeer	109
54	Laung Gawacha	Mussarat Nazeer	112
55	Mehndi na mujhko lagana	Chori chori	114
56	Mujhe sajan ke gher jana hai	Lajja	116
57	Mehendi rang layi	Hello Brother	119
58	Aya lariye	Coke Studio	121
59	Chaap Tilak	Unknown	123
60	Din Shagna da	Phillauri	124

Bole churiyan

Bole chudiyan bole kangana
Haay main ho gayi teri saajna
Tere bin jiyo naiyo lagda
Main te margaiyaan
Lehja lehja dil lehja lehja
Soniye lehja lehja
Lehja lehja dil lehja lehja
Soniye lehja lehja x3

Haay haay main mar
Jaava mar jaava tere bin
Ab to meri raatein
Kati taare gin gin
Bas tujhko pukara kare
Meri bindiya ishaara kare
Lashkara lashkara
Teri bindiya ka lashkara
Aise chamke jaise chamke
Chand ke pass sitaara

Meri payal bole tujhe
Jo roothe manaye tuhje
Oh sajan ji haan sajan ji
Kuch socho kuch
Samjho meri baat ko

Bole chudiyan bole kangana
Haay main ho gaya tera saajna
Tere bin jiyo naiyo
Lagda main te mar jaava
Lehja lehja soniye lehja
Lehja dil lehja lehja

Apni maang suhaagan ho
Sang hameshaa sajan ho
Aake meri duniya
Mein wapas na jaana
Sehra baand ke maahi
Tu mere ghar aana
Soni kithi soni
Aaj tu lagdi weh
Bas mera saath yeh
Jodi teri sajdi weh

Roop aisa suhana tera
Chand bhi deewaana tera
Ja re oh ja joothe
Teri gala hum na mane
Kyon taare se karta hai
Tu humko sab kuch jaane

Meri dil ki dua yeh kahe
Teri jodi salamat rahe

Oh sajan ji oh sajanji yun hi
Bite saara jeevan saath mein
Bole chudiyan bole kangana
Haay main ho gaya tera saajna

Tere bin jiyo naiyo lagda
Main te mar jaava
Lehja lehja soniye lehja
Lehja dil lehja lehja

MEHENDI HAI RACHNE WALI

Mehndi Hai Rachnewaali,
Haathon Mein Gehri Laali
Kahe Sakhiyaan, Ab Kaliyaan
Haathon Mein Khilnewaali Hain
Tere Mann Ko, Jeevan Ko
Nayi Khushiyaan Milnewaali Hai X2

O Hariyali Banno
Le Jaana Tujhko Guiyyaan Aane Waale Hai Saiyyaan
Thaamenge Aake Baiyyaan, Goonjegi Shehnaayi
Angnaayi, Angnaayi

Mehndi Hai Rachnewaali,
Haathon Mein Gehri Laali
Kahe Sakhiyaan, Ab Kaliyaan

Haathon Mein Khilnewaali Hain
Tere Mann Ko, Jeevan Ko
Nayi Khushiyaan Milnewaali Hai

Gaaye Maiya Aur Mausi, Gaaye Behna Aur Bhabhi
Ke Mehndi Khil Jaaye, Rang Laaye Hariyaali Banni
Gaaye Phoofi Aur Chaachi, Gaaye Naani Aur Daadi
Ke Mehndi Mann Bhaaye, Saj Jaaye Hariyaali Banni

6

Mehndi Roop Sanwaare, O Mehndi Rang Nikhaare, Ho
Hariyaali Banni Ke Aanchal Mein Utrenge Taarein
Mehndi Hai Rachnewaali, Haathon Mein Gehri Laali
Kahe Sakhiyaan, Ab Kaliyaan
Haathon Mein Khilnewaali Hain
Tere Mann Ko, Jeevan Ko
Nayi Khushiyaan Milnewaali Hai

Gaaje, Baaje, Baraati, Ghoda, Gaadi Aur Haathi Ko
Laayenge Saajan Tere Aangan, Hariyaali Banni
Teri Mehndi Woh Dekhenge
To Apna Dil Rakhdenge Woh
Pairon Mein Tere Chupke Se, Hariyaali Banni
Mehndi Roop Sanwaare, O Mehndi Rang Nikhaare, Ho
Hariyaali Banni Ke Aanchal Mein Utrenge Taarein

Mehndi Hai Rachnewaali, Haathon Mein Gehri Laali
Kahe Sakhiyaan, Ab Kaliyaan
Haathon Mein Khilnewaali Hain
Tere Mann Ko, Jeevan Ko
Nayi Khushiyaan Milnewaali Hai

LAAL DUPATTA

Laal dupatta ud gaya re
Bairi hawa ke jhonke se X2
Mujhko piya ne dekh liya
Haai re dhoke se

Manaake mujhe dil dega wo
magar meri jaan lega wo X2

Laakh chhupaaye baithi thi
Main apne chaand se chehre ko
Ek pal mein hi tod diya
Bairan hawa ne pehre ko

Ho tere chehre ka jaana
Kuch aisa jaadu chhaa gaya
Mere chaand ko dekhkar
Chaand bhi sharma gaya

Mujhe sharm si aaye - Hai tauba
O mera dil ghabraaye - Hai Tauba

Arre aa baahon mein
Chook na jaaye aise mauke se

Tujhko piya ne dekh liya
Haai re dhoke se
Manaake tujhe dil dega wo
Magar apni jaan dega wo X2

Haai maheka maheka yeh sama
Kehne laga aa pyaar kar

Mere sone yaar tu
Dilbar se ikraar kar

Ho tere pyaar ki khushboo
Meri saanson mein sama gayi

Le sajna sab chhod main
Tere peechhe peechhe aa gayi
Tujhe pyaar ho gaya ikraar ho gaya
Arre ab to roke na rukun

Main kisi ke roke se
Mujhko piya ne dekh liya
Haai re dhoke se
Manaake mujhe dil dega

RAJA KI AYEGI BARAAT

Raja Ki Aayegi Baaraat Rangili Hogi Raat
Magan Main Nachoongi Ho Magan Main Nachoongi
Raja Ki Aayegi Baaraat

Raja Ke Maathe Tilak Lagega
Rani Ke Maathe Sindoor
Rani Ke Maathe Sindoor
Main Bhi Apne Man Ki Asha Poori Karoongi Zaroor
Poori Karoongi Zaroor

Mehndi Se Pehle Honge Haath Saheliyon Ke Saath
Magan Main Nachoongi Ho Magan Main Nachoongi
Raja Ki Aayegi Baaraat

Rani Ke Sang Raja Dole Sajaate Chale Jayenge Pardes
Chale Jayenge Pardes
Jab Jab Unki Yaad Aayegi Dil Pe Lagega Thes
Dil Pe Lagega Thes

Nainon Se Hogi Barsaat Andheri Hogi Raat
Magan Main Nachoongi Ho Magan Main Nachoongi
Raja Ki Aayegi Baaraat

SAJAN SAJAN TERI DULHAN

Chaandni Raat Taaron Ki Baaraat Hai
Dil Ki Mehfil Sajaane Mein Kya Der Hai, Kya Der Hai

Dhadkanein Dil Ki Shehnaaiyaan Ban Gayi
Ab To Saajan Ke Aane Mein Kya Der Hai, Kya Der Hai

Meri Zindagi Mera Pyaar Yaad Aa Raha Hai
Aane Waala Hai Jo, Voh Yaad Aa Raha Hai

Saajan Saajan Teri Dulhan Tujhko Pukaare Aa Jaa
akar Mere Haathon Mein Mehndi Tu Hi Racha Jaa X2

Aa Jaa, Aa Jaa, Aa Jaa

O, Meri Zindagi Mera Pyaar Yaad Aa Raha Hai
Aane Waala Hai Jo, Voh Yaad Aa Raha Hai

Saajan Saajan Teri Dulhan Tujhko Pukaare Aa Jaa
Aakar Mere Haathon Mein Mehndi Tu Hi Racha Jaa

Aa Jaa, Aa Jaa, Aa Jaa

Paayal Kaajal Kangan Daaman, Saare Tujhe Bulaaye
Aa Jaa Saajan, Aa Jaa Tere Apne Tujhe Bulaaye

Aa Jaa Aa Jaa, Saajan Aa Jaa

Mere Mehboob, Mere Hamsafar
Tujhko Kya Pata, Hai Tujhe Kya Khabar

Ehsaan Tere Kitne Hai Mujhpar
Rab Pe Yakeen Hai Jitna, Utna Hai Tujhpar

Aa Jaa, Aa Jaa, Aa Jaa

Mera Mehboob Mera Sanam Aa Raha Hai
Hum To Mar Hi Chuke The, Phir Janam Aa Raha Hai

Saajan Saajan Teri Dulhan Tujhko Pukaare Aa Jaa
Aakar Mere Haathon Mein Mehndi Tu Hi Racha Jaa

Aa Jaa, Aa Jaa, Aa Jaa

Chunri Meri Rangeen Hui Hai Tere Rang Se Saajan
Aakar Rang De Mera Ang Ang Apne Rang Se Saajan

Aa Jaa Aa Jaa, Saajan Aa Jaa

Tumse Vafaayein Bahut Main Karoongi
Kasam Teri Ab Yeh Dil Kisi Ko Na Doongi

Aa Tujhe Bata Doon Mere Dil Mein Kya Hai
Dil Lene Waale Tujhe Jaan Apni Doongi
Aa Jaa, Aa Jaa, Aa Jaa

Dhadkanein Badh Rahi Hai, Voh Kareeb Aa Raha Hai
Khushnaseebi Banke Mera Voh Naseeb Aa Raha Hai

Saajan Saajan Teri Dulhan Tujhko Pukaare Aa Jaa
Aakar Mere Haathon Mein Mehndi Tu Hi Racha Jaa

Chaandni Raat Taaron Ki Baaraat Hai
Dil Ki Mehfil Sajaane Mein Kya Der Hai, Kya Der Hai

Dhadkanein Dil Ki Shehnaaiyaan Ban Gayi
Ab To Saajan Ke Aane Mein Kya Der Hai,
Kya Der Hai

MEHENDI KI RAAT AYI

Mehndi ki raat aayee, mehndi ki raat X3

Dekhe koyee kisi larki ke haath
Khooshiyoon bhare, armanoon bhare
Mehndi tale kai sapno ko sab se
chupaaye hue
sharmaaye hue

Mehndi ki raat aayee, mehndi ki raat X2

Hum bhi gaye.. ek mehfil main
Rangoon bhari.. us mehfil main
Khushboo thi haathoon main
Jadoo tha chehroon pe
Ankhon main tha ek nasha.. hooo
ankhon main tha ek nasha
Hum ne to aisa nazara kabhi
kaheen dekha na tha
kabhee socha na tha

Mehndi ki raat aayee, mehndi ki raat X2

Hum bhi milay.. ek khushboo se
Batain hoween.. ek jadoo se
Batoon main baat barhee
Jane kab raat dhalee
Dono meh ek ne lage hooo

Dono meh ek ne lage
Dholak ka shor raha
sargoshiyoon ko dabaye hue
Sab chupayee hue

Mehndi ki raat aayee, mehndi ki raat

Dekhe koi kisi larki ke haath
Mehndi ki raat aayee, mehndi ki raat

Dekhe koi kisi larki ke haath

15

LIKH KE MEHENDI SE SAJNA KA NAAM

Hatho Mein In Hatho Mein
Likh Ke Mehndi Se Sajna Ka Naam X2

Hatho Mein In Hatho Mein
Jeese Padhti Hun Main Subaho Shyam

Hatho Mein In Hatho Mein
Likh Ke Mehndi Se Sajna Ka Naam X2

Yaad Mujhe Jab Unki Aaye
Haay Re Haaye Bada Sataye X2

Dekhoon Soorat Mein
Unki Main Subaho Shyam
Dekho Soorat Mein
Unki Main Subaho Shyam
Hatho Mein In Hatho Mein
Likh Ke Mehndi Se Sajna Ka Naam X2

Ab Uske Bin Laage Na Mann
Woh Jogi Hain Main Hun Jogan
Ab Uske Bin Laage Na Mann
Woh Jogi Hain Main Hun Jogan
Sapane Dekhu Saajan
Ke Subaho Shyam

Sapane Dekhu Saajan
Ke Subaho Shyam
Hatho Mein In Hatho Mein
Likh Ke Mehndi Se Sajna Ka Naam
Likh Ke Mehndi Se Sajna Ka Naam
Hatho Mein In Hatho Mein
Jeese Padhti Hun
Main Subaho Shyam
Jeese Padhti Hun
Main Subaho Shyam
Hatho Mein In Hatho Mein
Likh Ke Mehndi Se Sajna Ka Naam
Likh Ke Mehndi Se Sajna Ka Naam.

MAHI AWAYGA MEI PHULAAN NAAL

Maahi Aavay Ga
Main Phullan Naal Dharti Sajaavan Gi
Onhun Dil Waalay Ranglay Palang Tay Bithaavan Gi
Challanh Gi Pakhiyan
Fer Bada Kujh Kehn Giyan Akhian
Challanh Gi Pakhiyan
Fer Bada Kujh Kehn Giyan Akhian
Maahi Aavay Ga
Main Phullan Naal Dharti Sajaavan Gi
Onhun Dil Waalay Ranglay Palang Tay Bithaavan Gi
Challanh Gi Pakhiyan Fer Bada Kujh Kehn Giyan Akhian
Chalhan Gi Pakhiyan Fer Bada Kujh Kehn Giyan Akhian
Maahi Aavay Ga
Main Phullan Naal Dharti Sajaavan Gi
Ajhay Sochni Aan Ki Ki Gal Kehni Ay
Ajhay Sochni Aan
Ajhay Sochni Aan Ki Ki Gal Kehni Ay
Unnay Takna Tay Hosh Kadon Rehni Ay
Ghund Kadd Kay...
Ghund Kadd Kay Main Aapay Sharmaanvan Gi
Kujh Kehndi Kehndi Chup Kar Jaavangi

Challanh Gi Pakhiyan Fer Bada Kujh Kehn Giyan Akhian
Challanh Gi Pakhiyan Fer Bada Kujh Kehn Giyan Akhian
Maahi Aavay Ga Main Phullan Naal Dharti Sajaavan Gi
Hath Jod Kay Main Unnu Samjhaavan Gi
Hath Jod Kay Main.
Hath Jod Kay Main Unnu Samjhaavan Gi
Mukh Moday Ga Tay Thaa-n Mar Jaavangi
Meray Pyar Diyan.
Meray Pyar Diyan Qasman Uthaavay Ga
Dil Holi Holi Dub Dub Jaavay Ga
Challanh Gi Pakhiyan Fer Bada Kujh Kehn Giyan Akhian
Challanh Gi Pakhiyan Fer Bada Kujh Kehn Giyan Akhian
Maahi Aavay Ga.aa.
Maahi Aavay Ga.aa.
Maahi Aavay Ga Main Phullan Naal Dharti Sajaavan Gi
Onhun Dil Waalay Ranglay Palang Tay Bithaavan Gi
Challanh Gi Pakhiyan Fer Bada Kujh Kehn Giyan Akhian X4

MEHENDI RACHEGI TERE HAATH

(Mehndi rache gea tere haath
Dholak bajay gea saaree raat) X2

Jaakey tum saajan ke saath
Bhool na jaana yeh din raat

(Tujh ko des piya ka bhayay
Tera piya tere gun gayay) X2

Aayay khushyon ki barsaat
Leykey rangon ki barsaat
Mehndi rache gea tere haath
Dholak bajay gea saaree raat

(Kangna baghon mein jo khanke
Kholey bhed yeh tere man ke) X2

Chahey karo na koi baat
Sab ney jaan liyay jazbaat
Mehndi rache gea tere haath
Dholak bajay gea saaree raat

Tera ghoongat jo uthai
Roop tera seh na pai

Chand ko who, bhool jayay
Dekhe tera singhaar
Tera ghoongat jo uthai
Roop tera seh na pai
Chand ko who, bhool jayay
Dekhe tera singhaar

(Tere maathay ka yeh jhoomer
Bolay piya ke man ko chooker) X2

Saajan sunlo meri baat
Jeewan bhar ka hai yeh saath
(Mehndi rache gea tere haath
Dholak bajay gea saaree raat) X2
Jaakey tum saajan ke saath
Bhool na jaana yeh din raat

Mehendi lagaon gi mei sajna ke naam ki

Yeh mehndi, yeh mehndi mehndi sagadaa di X2

Mehndi lagaoongi main, sajnaa ke naam ki X2
Kuch naa khabar mujhe ab subho shyaam ki
Main sun rahi hoon yeh kaisi sadaaye
Sapnon ka saajan mujhko bulaaye
Mehndi lagaoongi main sajnaa ke naam ki
Kuch naa khabar mujhe ab subho shyaam ki

(Ek baar aaye to samne mere voh
Pehchaan loongi hai mere bas mere voh) X2

Baatein banaaye chaahe koi samjhaaye
Par teri chaahat badlaaye
Hoga sajan tera laakhon mein ek
Anhkiyan teri muskaaye

Chaahe jo bhi ho
Parwah nahin hai mujhe kisi ilzaam ki
Mehndi lagaoongi main sajnaa ke naam ki
Kuch naa khabar mujhe ab subho shyaam ki

Yeh mehndi, yeh mehndi mehndi sagadaa di X2

(Sone ka kangna, sone ka jhumka
Taaron waali bindiya, jaalidaar ghoongta) X2

Sone ka kanga, taaron waali bindiya
Uspe tera sharmaana
Sone ka jhumka, jaalidaar ghoongta,
Karenge sajan ko deewana

Chaahe jo bhi ho
Parwah nahin hai mujhe kisi anjaam ki
Mehndi lagaoongi main sajnaa ke naam ki
Kuch naa khabar mujhe ab subho shyaam ki
Main sun rahi hoon yeh kaisi sadaaye
Sapnon ka saajan mujhko bulaaye
Mehndi lagaoongi main sajnaa ke naam ki
Kuch naa khabar mujhe ab subho shyaam ki

Meri banno ki ayegi baraat

Meri banno ki aayegi baraat
Ke dhol bajao ji
Meri laado ki aayegi baraat
Ke dhol bajao ji
Aaj nachoongi main saari raat
Ke dhol bajao ji
Meri banno ki aayegi baraat
Ke dhol bajao ji
Meri laado ki aayegi baraat
Ke dhol bajao ji
Sajna ke ghar tu jaayegi
Yaad humein teri aayegi x (2)
Jaake piya ke des mein na humko bhulana
Aankh babul teri kyon bhar aayi
Betiyan to hoti hain parayi x (2)
Ab rahegi yeh saiyan ji ke sath
Ke dhol bajao ji
Meri banno ki aayegi baraat
Ke dhol bajao ji
Meri laado ki aayegi baraat
Ke dhol bajao ji
Gajra khila hai baalon mein
Surkhi lagi hai gaalon pe x (2)
Bindiya chamakti maathe pe
Nainon mein kajra
Saja hai tann pe gehna, aaha

Lagi kya khoob tu behna
Khili hothon pe laali
Saje kaanon mein baali
Lagi mehandi dulhania ke hath
Ke dhol bajao ji
Meri banno ki aayegi baraat
Ke dhol bajao ji
Meri laado ki aayegi baraat
Ke dhol bajao ji
Le loon balayein teri sabhi
De doon tujhe main apni khushi x (2)
Maangun dua main rab se yehi tu khush rahe
Koi chaahat rahe na adhoori
Teri saari tamanna ho poori
Maine keh di mere dil ki baat
Meri banno ki aayegi baraat
Ke dhol bajao ji
Meri laado ki aayegi baraat
Ke dhol bajao ji
Aaj nachoongi main saari raat
Ke dhol bajao ji
Meri banno ki aayegi baraat
Ke dhol bajao ji
Meri laado ki aayegi baraat
Ke dhol bajao ji

Mere haathoon mei nau nau churiyaan hain

Mere haathon mein nau-nau chudiyan hain
Thoda thehro sajan majburiyan hain
Mere haathon mein nau-nau chudiyan hain
Thoda thehro sajan majburiyan hain
Milan hoga abhi ik raat ki duriyan hain
Mere haathon mein nau-nau chudiyan hain
Thoda thehro sajan majburiyan hain
Lambi lambi te kaali kaali raaton mein
Kaahe chudiyan khanakti hain haathon mein
Lambi lambi te kaali kaali raaton mein
Lambi lambi
Kaahe chudiyan khanakti hain haathon mein
Na aana tu nigodi chudiyon ki baaton mein
Lambi lambi te kaali kaali raaton mein

Le ja wapis tu apni barat mundya
Main nahin jana nahin jana tere sath mundya
le le
Le ja wapis tu apni barat mundya
Main nahin jana nahin jana tere sath mundya
Satayega jagayega tu saari raat mundya
Le ja wapis tu apni barat mundya
Main nahin jana nahin jana tere sath mundya
Aate jaate gali mein mera dil dhadke

MERE PEECHHE PADE HAIN AATH DUS LADKE

AATE JAATE GALI MEIN MERA DIL DHADKE

MERE PEECHHE PADE HAIN AATH DUS LADKE

KAHIN KOI KISI DIN YE SAPERE NAAGIN PHADKE

TERE PEECHHE PADE HAIN AATH DUS LADKE

MERI GHUTNO SE LAMBI HAAYE MERI CHOTI HAI

MERI AANKH SHATRANJ DI GOTI HAI

MERI GHUTNO SE LAMBI HAAYE MERI CHOTI HAI

MERI AANKH SHATRANJ DI GOTI HAI

MERE BAABUL NA PHIR KEHNA ABHI TU CHHOTI HAI

TERI GHUTNO SE LAMBI TERI CHOTI HAI

TERI AANKH SHATRANJ DI GOTI HAI

MERE DARZI SE AAJ MERI JUNG HO GAYI

KAL CHOLI SILAYI AAJ TANG HO GAYI

MERE DARZI SE AAJ MERI JUNG HO GAYI

KAL CHOLI SILAYI AAJ TANG HO GAYI

OE SHAAVAA SHAAVAA

KARE WO KYA TU LADKI THI AB PATANG HO GAYI

TERE DARZI SE AAJ TERI JUNG HO GAYI

MERE SAIYAN KIYA YE BURA KAAM TUNE

KORE KAGAZ PE LIKH DIYA NAAM TUNE

KAHIN KA BHI NAHIN CHHODA MUJHE HAAYE RAAM TUNE

MERE SAIYAN KIYA YE BURA KAAM TUNE

Gali meh aj chaand nikla

(Tum Aaye To Aaya Mujhe Yaad, Gali Mein Aj Chaand Nikla
Jaane Kitne Dinon Ke Baad Gali Mein Aj Chaand Nikla
Jaane Kitne Dinon Ke Baad Gali Mein Aj Chaand Nikla
Gali Mein Aj Chaand Nikla
Gali Mein Aj Chaand Nikla) x2
Tum Aaye To Aaya Mujhe Yaad, Gali Mein Aj Chaand Nikla
Yeh Naina Bin Kaajal Tarse
Baara Mahine Baadal Barse
Suni Rab Ne Meri Fariyaad X2
Gali Mein Aj Chaand Nikla X3

Tum Aaye To Aaya Mujhe Yaad, Gali Mein Aj Chaand Nikla
Aaj Ki Raat Jo Main So Jaati
Khulti Aankh Subah Ho Jaati
Main To Ho Jaati Bas Barbaad
Main To Ho Jaati Bas Barbaad,
Gali Mein Aj Chaand Nikla X3

Jaane Kitne Dinon Ke Baad Gali Mein Aj Chaand Nikla
Maine Tumko Aate Dekha
Apni Jaan Ko Jaate Dekha
Jaane Phir Kya Hua Nahin Yaad
Jaane Phir Kya Hua Nahin Yaad, Gali Mein Aj Chaand Nikla
Gali Mein Aj Chaand Nikla x2
Jaane Kitne Dinon Ke Baad Gali Mein Aj Chaand Nikla28

Pairoon meh bandhan hai

Pairon mein bandhan hai X2
Payal ne machaya shor
Pairon mein bandhan hai
Payal ne machaya shor
Sab darwaaze kar lo band X2
Dekho aaye aaye chor

Pairon mein bandhan hai
Tod de saare bandhan tu X2

Machne de payal ka shor
Tod de saare bandhan tu
Machne de payal ka shor
Dil ke sab darwaaze khol X2
Dekho aaye aaye chor

Pairon mein bandhan hai
Kahoon main kya, karoon main kya
Sharam aa jaati hai
Na yoon tadpa ki meri jaan
Nikalti jaati hai
Tu aashiq hai mera sachcha
Yakeen to aane de

Tere dil mein agar shaq hai
To bas phir jaane de
Itni jaldi laaj ka
Ghoonghat na kholoongi
Sochoongi phir soch ke
Kal parson boloongi
Tu aaj bhi haan na boli
Oye kudiye teri doli
Le na jaaye koi aur

Pairon mein bandhan hai X2
Payal ne machaya shor
Sab darwaaze kar lo band X2
Dekho aaye aaye chor
Tod de saare bandhan tu
Hoye tod de saare bandhan tu
Machne de payal ka shor
Dil ke sab darwaaze khol X2
Dekho aaye aaye chor
Pairon mein bandhan hai

Jinhein milna hai kuchh bhi ho
Aji mil jaate hain
Dilon ke phool to patjhad mein bhi
Khil jaate hain

Zamana doston dil ko deewana kehta hai
Deewana dil zamane ko deewana kehta hai
Le main saiyaan aa gayi
Saari duniya ko chhod ke
Tera bandhan baandh liya
Saare bandhan tod ke
Ek dooje se jud jaayein
Aa hum dono udd jaayein
Jaise sang patang aur dor

Pairon mein bandhan hai x2
Payal ne machaya shor
Sab darwaaze kar lo band x2
Dekho aaye aaye chor
Pairon mein bandhan hai
Tod de saare bandhan tu x2
Machne de payal ka shor
Dil ke sab darwaaze khol x2
Dekho aaye aaye chor
Sab darwaaze kar lo band x2
Dekho aaye aaye chor
Haan dekho aaye aaye chor
Dekho aaye aaye chor
Arre dekho aaye aaye chor

DHEEME DHEEME GAON

DHEEME DHEEME GAAU
HUM DHIRE DHIRE GAAU
HAULE HAULE GAAU TERE LIYE PIYA

DHEEME DHEEME GAAU
DHEEME DHEEME GAAU
DHIRE DHIRE GAAU
HAULE HAULE GAAU TERE LIYE PIYA
GUN GUN MAIN GAATI JAAU
CHHUN CHHUN PAAYAL CHHANAKAAU
SUN SUN KAB SE
DOHRAAU PIYA PIYA PIYA

GULSHAN MEHAKE MEHAKE
YE MANN BEHAKE BEHAKE
AUR TAN DEHAKE DEHAKE
KYUN HAIN BATA PIYA
MANN KI JO HAALAT HAI
YEH TAN KI JO RANGAT HAI YE
TERI MOHABBAT HAI
YEH PIYA PIYA PIYA
GUN GUN MAIN GAATI JAAU
CHHUN CHHUN PAAYAL CHHANAKAAU
SUN SUN KAB SE
DOHRAAU PIYA PIYA PIYA

PIYA PIYA O
JINDAGI ME TU AAYA
TOH DHUP ME MILA SAAYA
TOH JAAGE NASIB MERE O
ANAHONI KO THA HONA
DHUL BAN GAI HAI SONA
AAKE KARIB TERE O
PYAR SE MUJHKO TUNE
CHHUA HAI ROOP SUNEHARA
TABSE HUAA HAI
KAHU AUR KYAA TUJHE
MAIN PIYA O O O
TERI NIGAAHON ME HU
TERI HI BAAHON ME HU
KHAABO KI RAAHO ME
HU PIYA PIYA PIYA
GUN GUN MAIN GAATI JAAU
CHHUN CHHUN PAAYAL CHHANAKAAU
SUN SUN KAB SE
DOHRAAU PIYA PIYA PIYA
PIYA PIYA O
MAINE JO KUSHI PAI
HAI JHUMKE JO RUT AAI HAI
BADLE NA RUT WO KABHI O
DIL KO DEVTA JO LAGE
SAR JHUKA HAI JISKE AAGE

Tute na but wo kabhi o
Kitni hai mithi kitni suhaani
Tune sunaai hai jo kahaani
Main jo kho gayi
Nayi ho gayi o o o
Aankhon me taare chamake
Raaton me juganu damake
Mit gaye nishaan gham
Ke piya piya piya
Gun gun main gaati jaau
Chhun chhun paayal chhanakaau
Sun sun kab se
Dohraau piya piya piya

34

EK DIN AP YUN HUMKO MILJAYENGE

Ek din aap yun humko mil jayenge
Phool hi phool raahon mein khil jayenge
Maine socha na tha
Ek din aap yun humko mil jayenge
Phool hi phool raahon mein khil jayenge
Maine socha na tha
Ek din zindagi itni hogi haseen
Jhoomega aasman gayegi yeh zameen

Ek din zindagi itni hogi haseen
Jhoomega aasman gayegi yeh zameen
Maine socha na tha
Dil ki daali pe kaliyan si khilne lagi
Jab nigahein nigahon se milne lagi
Dil ki daali pe kaliyan si khilne lagi
Jab nigahein nigahon se milne lagi
Ek din is tarah hosh kho jayenge

Paas aaye to madhosh ho jayenge
Maine socha na tha
Ek din aap yun humko mil jayenge
Phool hi phool raahon mein khil jayenge
Maine socha na tha

Jagmagati huyi jaagti raat hai
Raat hai ya sitaaron ki baraat hai
Jagmagati huyi jaagti raat hai
Raat hai ya sitaaron ki baraat hai
Ek din dil ki raahon mein apne liye
Jal uthenge mohabbat ke itne diye
Maine socha na tha

Ek din zindagi itni hogi haseen
Jhoomega aasman gayegi yeh zameen
Maine socha na tha
Ek din aap yun humko mil jayenge
Phool hi phool raahon mein khil jayenge
Maine socha na tha
Maine socha na tha
Maine socha na tha

DAMA DAM MAST QALANDAR

O LAAL MERI PAT RAKHIO BALA JHOOLE LAALAN
SINDRI DA, SEHVAN DA SAKHI SHABAAZ KALANDAR HOYE!
DUMA DUM MAST KALANDAR, ALI DUM DUM DE ANDAR
DUMA DUM MAST KALANDAR, ALI DA PEHLA NUMBER
O LAAL MERI, HO O LAAL MERI

CHAAR CHARAAG TERE BARAN HAMESHA X3
PANJWA MEIN BAARAN AAYI BALA JHOOLE LAALAN,
O PANJWA MEIN BAARAN
O PANJWA MEIN BAARAN AAYI BALA JHOOLE LAALAN
SINDRI DA, SEHVAN DA SAKHI SHABAAZ KALANDAR HOYE!
DUMA DUM MAST KALANDAR, ALI DUM DUM DE ANDAR
DUMA DUM MAST KALANDAR, ALI DA PEHLA NUMBER
O LAAL MERI, HO O LAAL MERI

HIND SIND PEERA TERI NAUBAT VAAJE X3
NAAL VAJE GHADIYAAL BALA JHOOLE LAALAN,
O NAAL VAJE
O NAAL VAJE GHADIYAAL BALA JHOOLE LAALAN
SINDRI DA, SEHVAN DA SHAKI SHABAAZ KALANDAR HOYE!
DUMA DUM MAST KALANDAR, ALI DUM DUM DE ANDAR
DUMA DUM MAST KALANDAR, ALI DA PEHLA NUMBER
O LAAL MERI, HO O LAAL MERI

TAALI DE THALLAY

TALI DE THALLAY BE KE HAAN BE KE
O MAHIYA WE MAHIYA
KARIYE PYAR DIYAAN GALAAN
HO KARIYE PYAR DIYAAN GALAAN
TU MERA DARD WANTAWEY HUMNAWEY
MAIN TERAY DARD WATAWAAN
KARIYE PYAR DIYAAN GALAAN
HO KARIYE PYAAR DIYAAN GALAAN
HOOO

TALI TE UTHEY BOOR TALI TE UTHEY
TALI TE UTHEY BOOR MERA MAHI MAIN THO DOOR
OH RAAA OH HAAANNN OH HAAAN
KARIYE PYAR DIYAAN GALAAN
TU MERA DARD WANTAWEY HUMNAWEY
MAIN TERAY DARD WATAWAAN
KARIYE PYAR DIYAAN GALAAN
HO KARIYE PYAAR DIYAAN GALAAN
HOOOOOOOO

TALI DE WICH LIKAAN
MAIN TAINU PAI UDIKAAN
TALI DE WICH LIKAAN
MAIN TAINU PAI UDIKAAN

HOOOOOO AJI HOOO HOOO
KARIYE PYARR DIYAAN GALAAN
KARIYE PYARR DIYAAN GALAAN
HOOOOOOOOOOO

TALI DE UTHEY MOOR TALI DE UTHEY
TALI DE UTHEY MOOR
TERA JAYA NA KOI HOR
OH RAA OH HAAN OH HAAANNNNN
KARIYE PYAAR DIYAAN GALAAN
HO KARIYE PYAAR DIYAAN GALAAN
HOOOOO

TALI DE THALEY BE KE HAAN BE KE
O MAHIYA WE MAHIYA
KARIYE PYAR DIYAAN GALAAN
HOOO KARIYE PYAAR DIYAAN GALAAN
TU MERA DARD WANTAWEY HUMNAWEY
MAIN TERAY DARD WATAWAAN
KARIYE PYAR DIYAAN GALAAN
HO KARIYE PYAAR DIYAAN GALAAN
HOOOO

HAAN KARIYE PYAAR DIYAAN GALAAN
WE KARIYE PYAAR DIYAAN GALAAN
HUN KARIYE PYAAR DIYAAN GALAAN
HOOOOOO

Pardesiya yeh sach hai piya

(O pardesiya
Pardesiya yeh sach hai piya
Sab kehte hain maine tujhko dil de diya) X2
Main kehti hoon tune mera dil le liya

Phoolon mein kaliyon mein
gaaon ki galiyon mein
Hum dono badnaam hone lage hain
Nadiya kinare pe, chhat pe chaubaare pe
Hum milke hansne rone lage hain
Sunke piya, sunke piya dhadke jiya
Sab kehte hain maine tujhko dil de diya
Main kehti hoon tune mera dil le liya
Ho
Ha ha ha ha, ho ho ho ho ho

Logon ko kehne do kehte hi rehne do
Sach jhooth hum kyun sabko bataayen
Main bhi hoon masti mein tu bhi hai masti mein
Aa is khushi mein hum naache gaayen
Kisko pataa kyaa kisne kiya
Sab kehte hain tune mera dil le liya

Sab kehte hain maine tujhko dil de diya
Mera dil kehta hai tu dil mein rahta hai
Meri bhi dil ki kali khil gayi hai

40

TERI TU JAANE RE MAANE NA MAANE RE
MUJHKO MERI MANZIL MIL GAYI

TU MIL GAYA MUJHKO PIYA
SAB KEHTE HAIN MAINE TUJHKO DIL DE DIYA
MAIN KEHTI HOON TUNE MERA DIL LE LIYA
PARDESIYA, PARDESIYA YEH SACH HAI PIYA
SAB KEHTE HAIN MAINE TUJHKO DIL DE DIYA
MAIN KEHTI HOON TUNE MERA DIL LE LIYA

Aj kal tere mere pyar ke charchay

Aaj kal tere mere pyaar ke charche har zubaan par
Sabko maalum hain aur sabko khabar ho gayi
Aaj kal tere mere pyaar ke charche har zubaan par
(Accha?)
Sabko maalum hain aur sabko khabar ho gayi
(To kya?)

Aaj kal tere mere pyaar ke charche har zubaan par
Sabko maalum hain aur sabko khabar ho gayi
Humne to pyaar mein aisa kaam kar liya
Pyaar ki raah mein apna naam kar liya
Humne to pyaar mein aisa kaam kar liya
Pyaar ki raah mein apna naam kar liya X2

Aaj kal tere mere pyaar ke charche har zubaan par
(Accha?)
Sabko maalum hain aur sabko khabar ho gayi
(To kya?)

Aaj kal tere mere pyaar ke charche har zubaan par
Sabko maalum hain aur sabko khabar ho gayi

Do badan ek din, ek jaan ho gaye
Manzilein ek hui, humsafar ban gaye

Do badan ek din, ek jaan ho gaye
Manzilein ek hui, humsafar ban gaye X2

Aaj kal tere mere pyaar ke charche har zubaan par
(Accha?)
Sabko maalum hain aur sabko khabar ho gayi
(To kya?)

Aaj kal tere mere pyaar ke charche har zubaan par
Sabko maalum hain aur sabko khabar ho gayi
Kyun bhala hum darein, dil ke maalik hain hum
Har jana mein tujhe apna maana sanam
Kyun bhala hum darein, dil ke maalik hain hum
Har jana mein tujhe apna maana sanam X2

Aaj kal tere mere pyaar ke charche har zubaan par
(Accha?)
Sabko maalum hain aur sabko khabar ho gayi
(To kya?)
(Aaj kal tere mere pyaar ke charche har zubaan par
Sabko maalum hain aur sabko khabar ho gayi) X2

Sajan ji gher aye

(Kab se aaye hain tere dulhe raja
Ab der na kar, jaldi aaja) X2

Ho...ooo...ooo...
(Tere, ghar aaya, main aaya tujhko lene
Dil ke, badle mein, dil ka nazrana dene) X2

Meri har dhadkan kya bole hai
Sun sun sun sun...
Saajan ji ghar aaye X2
Dulhan kyon sharmaaye,
Saajan ji ghar aaye

Ai dil, chalega, ab na koi bahana
Gori, ko hoga, ab saajan ke ghar jaana
Maathe ki bindiya kya bole hai
Sun sun sun sun...
Saajan ji ghar aaye X2
Dulhan kyon sharmaaye,
Saajan ji ghar aaye

Diwaane ki chaal mein
Phas gayee main jaal mein
Ai sakhiyon kaise, bolo bolo

HAAN MUJHPE TO AI DILRUBA
TERI SAKHIYAAN BHI FIDA
YE BOLENGEE KYA, POOCHO POOCHO

(JA RE JA JHOOTHE
TAREEFEIN KYON HAI LOOTE) X2

TERA MASTAANA, KYA BOLE HAI
SUN SUN SUN SUN
SAAJAN JI GHAR AAYE X2
DULHAN KYON SHARMAAYE, HAY
SAAJAN JI GHAR AAYE

NA SAMJHE NADAAN HAI
YEH MERA EHSAAN HAI
CHAHE JO ISKO, KEH DO
KEH DO...

CHEDE MUJHKO JAAN KE
BADLE MEIN EHSAAN KE
DE DIYA DIL ISKO, KEH DO
KEH DO...

TOO YE NA JAANE, DIL TOOTE BHI DIWAANE X2

TERA, DIWAANA, KYA BOLE HAI
SUN SUN SUN

Saajan ji ghar aaye, hay
Saajan ji ghar aaye
Dulhan kyon sharmaaye,
Saajan ji ghar aaye

Mehandi laake...gehane paake X2
Hay roke tu sabko rula ke
Sabere chali jaayegi, tu bada yaad aayegi
Too bada yaad aayegi, yaad aayegi
Mehandi laake...gehane paake X2
Hay roke tu sabko rula ke
Sabere chali jaayegi, tu bada yaad aayegi
Too bada yaad aayegi, yaad aayegi

(Tere, ghar aaya, main aaya tujhko lene
Dil ke, badle mein, dil ka nazrana dene) X2
Meri har dhadkan kya bole hai
Sun sun sun sun

Saajan ji ghar aaye, hay
Saajan ji ghar aaye
Dulhan kyon sharmaaye, hay
Saajan ji ghar aaye

Maine payal hai chankayi

Tune jo payal jo chankayi
Phir kyun aaya na harjayi,
Tune jo payal jo chankayi phir
Kyun aaya na harjayi......hoooo

Maine....maine payal hai chankayi ab to aaja tu harjayi
Maine payal hai chankayi ab to aaja tu harjayi,
Meri sanson me tu hai basa
O sajana aaja na ab tarsaX2

Maine payal hai chankayi
Ab to aaja tu harjayi,
Meri sanson me tu hai basa
O sajana aaja na ab tarsa X2

(Chale jab yeh purvayi,
Baje dil me shahnayi,
Tuhi mere sapno ka o sajna) X2

Maine....maine Chunri hai lehrayi
Ab to aaja tu harjayi
Meri sanson me tu hai basa
O sajana aaja na ab tarsa X2

TUNE CHUNRI JO LEHRAYI
PHIR KYUN AAYA NA HARJAAYI

(MAIN DIN BHAR SOCH ME DUBUN
MAIN RAAT MAIN JAAGUN NA SOUN
TUHI DIL ME REHTA HAI O SAJNA) X2

MAINE....MAINE CHUDI HAI KHANKAYI
AB TO AAJA TU HARJAYI
MERI SANSON ME TU HAI BASA
O SAJANA AAJA NA AB TARSA X2

TUNE CHUDI JO KHANKAYI
PHIR KYUN AAYA NA HARJAYI
TUNE PAYAL JO CHANKAYI PHIR
KYUN AAYA NA HARJAYI

CHITTA KUKKAR

Chitta kukar banayray tey X2
Kasni dupattay waliyey munda sadqey tere tey X2

Sari khed lakeeran di X2
Gaddi aaye tation te akh pich gai weeran di X2

Pipli dian chawan ni X2
Aape hatti doli tor ke ma pay karan duawan ni X2

Kunda lag gaya thaali nu X2
Hattan utte mehndi lag gai ik qismat wali nu X2

Heera lakh sawa lakh da hai X2
Tiyan walian dian Rab iztan rak tha hai X2

Chitta kukar banayray tey X2
Kasni dupattay waliyey munda sadqey tere tey X2

Maye ni maye mundair pe tere

Maye ni maye mundher pe teri bol raha hain kaaga X2
Jogan ho gayi teri dulari man jogi sang laga

Maye ni maye mundher pe teri bol raha hain kaaga
Jogan ho gayi teri dulari man jogi sang laga

Chan mahiya chan mahiya mere dol sapaiya X2

Chand ki tarah chamak rahi thi us jogi ki kaya
Mere dyare aakar usne pyar ka alag jagaya
Apne tan par bhasma ramaage X2

Sari rain woh jaaga
Jogan ho gayi teri dulari man jogi sang laga

Sun hiriye nach hiriye Nagke rang jama X2

Mannat maangi thi tune ek roz main jaayo bihaayi
Us jogi ke sang meri tu karde ab kudmayi
In haathon mein laga de mehendi X2
Baandh shagun ka dhagaa
Jogan ho gayi teri dulari man jogi sang laga

Maye ni maye mundher pe teri bol raha hain kaaga
Jogan ho gayi teri dulari man jogi sang laga

Palki meh hoke sawar

Koi Rok Sake To Rok Le Main Naachati
Chhan Chhan Chhan Chhan Chhan
(Paalki Mein Ho Ke Savaar Chali Re
Main To Apane Saajan Ke Dwaar Chali Re) X2

Koi Rok Sake To Rok Le Main Naachati
Chhan Chhan Chhan Chhan Chhan
Paalki Mein Ho Ke Savaar Chali Re
Main To Apane Saajan Ke Dwaar Chali Re

Mushkil Se Maine Ye Din Nikaale X2
Chal Tez Chal Tu O Gaadi Waale

Mann Mein Lagi Hai Aisi Lagan
Aisi Lagan Haay Aisi Lagan

Hoke Main Badi Bekaraar Chali Re X2
Main To Apane Saajan Ke Dwaar Chali Re
Paalki Mein Ho Ke Savaar Chali Re
Main To Apane Saajan Ke Dwaar Chali Re

Ho Jaaungi Main Jal Jal Ke Mitti
Maine Piya Ko Likh Di Hai Chitthi X2
Tu Na A Tu Na A Main A Rahi Hoon
Sajan Sajan Sajan

Kar Kar Ke Main Intezaar Chali Re X2
Main To Apane Saajan Ke Dwaar Chali Re
Paalki Mein Ho Ke Savaar Chali Re
Main To Apane Saajan Ke Dwaar Chali Re

Ye Sona Ye Chaandi Ye Heere Ye Moti
Ho Sainya Bina Sainya Bina Sab Kuch Hai
Naam Ka Naam Ka Naam Ka Naam Ka Naam Ka
Ye Mera Joban Joban Joban
Ye Mera Joban Kis Kaam Ka Kis Kaam Ka
Ghoonghat Mein Jale
Kab Tak Birahan Birahan Birahan
Main Sar Se Chunari Utaar Chali Re X2
Main To Apane Saajan Ke Dwaar Chali Re

Koi Rok Sake To Rok Le Main Naachati
Chhan Chhan Chhan Chhan Chhan
Paalki Mein Ho Ke Savaar Chali Re
Main To Apane Saajan Ke Dwaar Chali Re
Paalki Mein Ho Ke Savaar Chali Re
Main To Apane Saajan Ke Dwaar Chali Re X2

Banno ki saheli

Banno ki mehndi kya kehna
Banno ka joda kya kehna
Banno lage hai
Phoolon ka gehna
Banno ki aankhen kajrari
Banno lage sabse pyaari
Banno pe jaaon
Main vaari vaari

Ho..
Banno ki saheli resham ki dori
Chhup chhup ke sharmaaye
Dekhe chori chori
Banno ki saheli resham ki dori
Chhup chhup ke sharmaaye
Dekhe chori chori

Yeh maane ya na maane
Main to ispe mar gaya
Yeh ladki haay allah
Haay haay re allah
Yeh ladki haay allah
Haay haay re allah

BABUL KI GALIYAAN

NA CHAD KE JAANA

PAAGAL DEEWANA ISKO SAMJAANA

BABUL KI GALIYAAN

NA CHAD KE JAANA

PAAGAL DEEWANA ISKO SAMJAANA

DEKHO JI DEKHO YEH

TO MERE PEECHE PAD GAYA

YEH LADKA HAAY ALLAH

HAAY HAAY RE ALLAH

YEH LADKA HAAY ALLAH

HAAY HAAY RE ALLAH

LAB KAHE NA KAHE

BOLTI HAI NAZAR

PYAAR NAHIN CHHUPTA

YAAR CHHUPAANE SE

PYAAR NAHIN CHHUPTA

YAAR CHHUPAANE SE

ROOP GHOONGHAT MEIN

HO TO SUHANA LAGE

BAAT NAHIN BANTI

YAAR BATAANE SE

YEH DIL KI BAATEIN

DIL HI JAANE YA JAANE KHUDA

YEH LADKI HAAY ALLAH
HAAY HAAY RE ALLAH
YEH LADKA HAAY ALLAH
HAAY HAAY RE ALLAH

MANGNE SE KABHI
HAATH MILTA NAHIN
JODIYAAN BANTI
HAI PEHLE SE SABKI
JODIYAAN BANTI
HAI PEHLE SE SABKI
OH LEKE BAARAAT
GHAR TERE AAUNGA MAIN
MERI NAHIN YEH
MARZI HAI RAB KI
ARE JA RE JA YUN JHOOTI
MUTHI BAATEIN NA BANA

YEH LADKA HAAY ALLAH
HAAY HAAY RE ALLAH
YEH LADKA HAAY ALLAH
HAAY HAAY RE ALLAH

BANNO KI SAHELI RESHAM KI DORI
CHHUP CHHUP KE SHARMAAYE
DEKHE CHORI CHORI
BABUL KI GALIYAAN

Na chad ke jaana
Paagal deewana isko samjaana
Yeh maane ya na maane
Main to ispe mar gaya
Yeh ladki yeh ladki haay
Allah haay haay re allah
Yeh ladka haay allah
Haay haay re allah
Yeh ladki haay allah
Haay haay re allah
Yeh ladka haay allah
Haay haay re allah

Dholi taro dhol bajay

Hey hey..
Hey baaje re baaje re baaje re
Dholi taro dhol baaje
Dhol baaje dhol baaje dhol
Ki dham dham baaje dhol
Ki dholi taro dhol baaje dhol
Baaje dhol baaje dhol
To dham dham baaje dhol

Hey hey chhori badi anmol
Meethe meethe iske bol
Aankhein iski gol gol gol gol
To dham dham baaje dhol
Aankhein iski gol gol gol gol
To dham dham baaje dhol
Haan haan chhora hai natkhat
Bole hai patpat
Arre chhede mujhe bole aise bol
To dham dham baaje dhol

Baaje re baaje re baaje re
Dham dham dhol baaje
Dhol baaje dhol baaje dhol
To dham dham baaje dhol
To dham dham dham baaje dhol

57

Rasiyo ye roop taro chhoo loon zara
Arre na arre haan
Arre haan haan haan haan
Hey...
Raat ki rani jaise roop mera
Mehkasa mehkasa
Mehkasa mehkasa
Udegi mahak mujhe chhoo na tu kyon
Behkasa bahkasa
Behkasa sa sa sa sa

Paas aaja meri rani
Tu ne nahin meri maani
Karoonga main manmaani
Mat kar shaitani
Arre rererere..
Sarre rerere..
Pare rerere..
Ki dholi taro
Dhin dhinak dhin
Ki dholi taro
Dhin dhinak dhin
Ki dholi taro
Hey..dhol baaje dhol baaje
Dhol baaje dhol
Ki dham dham baaje dhol

Hey hey chhori badi anmol
Meethe meethe iske bol
Aankhein iski gol gol gol gol
To dham dham baaje dhol
Ho ho ho chhora hai natkhat
Bole hai patpat
Chhede mujhe bole aise bol
To dham dham baaje dhol

Dham dham dhol baaje
Dhol baaje dhol baaje dhol
Ki dham dham baaje dhol
Ki dham dham dham baaje dhol

Hey dham dham dham
Dhol baaje baaje re dhol baaje
Dham dham
Dham dham dham
Dhol baaje baaje re dhol baaje
Dham dham
Hungama hungama
Ho gaya hai hungama
Hungama hungama
Ma ma ma ma re..
Hungama hungama
Ho gaya hai hungama
Hungama hungama

MA MA MA MA RE..
DHAM DHAM DHAM DHOL BAAJE
HEY BAAJE

DHAM DHAM DHAM DHOL BAAJE
HEY BAAJE RE BAAJE
DHAM DHAM DHAM DHOL BAAJE
BAAJE RE DHOL BAAJE
DHAM DHAM
DHAM DHAM
DHAM DHAM
HEY DHAM DHAM

HEY DHAM DHAM DHAM DHOL BAAJE
BAAJE RE DHOL BAAJE
DHAM DHAM
DHAM DHAM DHAM DHOL BAAJE
BAAJE RE DHOL BAAJE
DHAM DHAM

GHAR AYA MERA PARDESI

AA AA AA AA AA AA AA AA AA
AA AA AA AA AA AA AA AA AA AA
GHAR AAYA MERA PARDESI
PYAS BUJHI MERI AKHIYAN KI
AA AA AA AA AA AA AA AA AA
AA AA AA AA AA AA AA AA AA AA

TU MERE MANN KA MOTI HAI
INN NAINAN KI JYOTI HAI
YAAD HAI MERE BACHPAN KI
GHAR AAYA MERA PARDESI
AA AA AA AA AA AA AA AA AA
AA AA AA AA AA AA AA AA AA AA

AB DIL TOD KE MAT JANA
ROTI CHHOD KE MAT JANA
KASAM TUJHE MERE ANSUAN KI
GHAR AAYA MERA PARDESI
AA AA AA AA AA AA AA AA AA
AA AA AA AA AA AA AA AA AA AA

AYI MEHNDI KI YEH RAAT

MEHNDI KI YEH RAAT X2
AAI MEHNDI KI YEH RAAT
HAI LAAI SAPNO'N KI BARAAT
SAJANIYA SAAJAN KAY HAI SAATH
RAHAY HAATHON MEIN AISAY HAATH
GORI KARAT SINGHAR X4

BAAL BAAL MOTI CHAMKAYE
ROM ROM MEHKA
MAANG SINDOOR KI SUNDARTA SAY
CHAMKAY CHANDANWAAR
GORI KARAT SINGHAR X2

MEHNDI KI YEH RAAT X2
AAI MEHNDI KI YEH RAAT
HAI LAAI SAPNO'N KI BARAAT
SAJANIYA SAAJAN KAY HAI SAATH
RAHAY HAATHON MEIN AISAY HAATH
GORI KARAT SINGHAR X2

JOODAY MAIN JOOHI KI BHEENI
BA'H MAIN HAAR SINGHAAR
KAAN MAIN JAGMAG BAALI PATTA

Galay Main Jugnu Haar
Sandal Aisi Payshani Pay
Bindiya Lai Bahaar
Gori Karat Singhar X2

Aisi Suhani Albeli Si
Mehndi Ki Yeh Raat Ho
Gori Ujlay Chehray
Hansti Aankhain Khushiyon Ki Barsaat
Ho Gori
Kabhi Khuli Kabhi Band Aankhon Main
Kajray Ki Do Dhaar
Gaalon Ki Surkhi Main Jhalkay
Hirday Ka Iqrar
Baalon Main Gajra
Kaanon Main Jhumkay
Chunri Dharidhaar
Gori Karat Singhar X4

Mehndi Ki Yeh Raat X2
Aai Mehndi Ki Yeh Raat
Hai Laai Sapno'n Ki Baraat
Sajaniya Saajan Kay Hai Saath
Rahay Haathon Mein Aisay Haath
Gori Karat Singhar X2

Haathon Ki Ik Ik Choori Main
Mohan Ki Jhankar
Sehanj Chalay Phir Bhi Payal Main
Bolay Pee Ka Pyar
Apnay Aap Darpan Main Dekhay
Aur Sharmaye Naar
Gori Karat Singhar X4

MERE NEHAR SE AJ MUJHE AYA

MERE NEHAR SE AAJ MUJHEY AAYA X2
YEH PEELA JORA, YEH PEELA JORA
YEH HARI HARI CHOORIYAN X2

AB KE PHOOLI BASANT MERI ABBA KE GHAR X2
MERI AMMI NEY AAJ MUJHEY BHEYJA
PYARI AMMA NEY AAJ MUJHEY BHEYJA
YEH PEELA JORA, YEH PEELA JORA
YEH HARI HARI CHOORIYAN X2

AB KE PHOOLI BASANT MERE TAAYA KE GHAR X2
TAAYI AMMA NEY AAJ MUJHEY BHEYJA X2
YEH UBTAN SURMA, YEH UBTAN SURMA
YEH HARI HARI CHOORIYAN X2

AB KE PHOOLI BASANT MERE KHALU KE GHAR X2
PYARI KHALA NEY AAJ MUJHEY BHEYJA X2
YEH PHOOLON KA GEHNA, YEH PHOOLON KA GEHNA
YEH HARI HARI CHOORIYAN X2

AB KE PHOOLI BASANT MERE MAMOO KE GHAR X2
PYARI MAAMI NEY AAJ MUJHEY BHEYJA
MERI MAAMI NEY AAJ MUJHEY BHEYJA
YEH JHOOMAR TEEKA, YEH JHOOMAR TEEKA
YEH HARI HARI CHOORIYAN X2

Hath meh zard rumaal

Haath mein zard rumaal, Bani ka banra X2

Ubtan bheyjoon re, haryalay banay
Ubtan bheyjoon re, bani ke banay
Ubtan bheyjoon re
Ubtan ki khushboo sambhaal
Bani ka banra
Haath mein zard rumaal, Bani ka banra X2

Mehndi bheyjoo re, haryalay banay
Mehndi bheyjoon re, bani ke banay
Mehndi bheyjoon re
Mehdni ki laali sambhaal
Bani ka banra
Haath mein zard rumaal, Bani ka banra X2

Jora bheyjoo re, haryalay banay
Jora bheyjoon re, bani ke banay
Jora bheyjoon re
Joray ki sajhdajh sambhaal
Bani ka banra
Haath mein zard rumaal, Bani ka banra X2

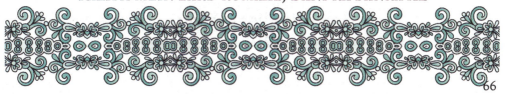

Mathhay te chamkan waal

Mathay tay chamkan waal, meray banray de X4

Lao ni lao ennu shagna'n di mehndi X2
Mehndi karay Hath Laal
Meray Banray Day
Hayee..
Mehndi Karay Hath Laal
Meray Banray Day
Mathay Tay Chamkan Waal, Meray Banray Day X2

Pao Ni Pao Ennu Shagna'n Da Gaana X2
Gaanay Day Rang Nay Kamaal
Meray Banray Day
Hayee..
Gaanay Day Rang Nay Kamaal
Meray Banray Day
Mathay Tay Chamkan Waal, Meray Banray Day X2

Aaiyan Ni Aaiyan Pehnan Mehndi Ley Kay X2
Pehnan Nu Kinnay Nay Khayal
Ni Meray Banray Day
Pehnan Nu Kinnay Nay Khayal
Meray Banray Day
Mathay Tay Chamkan Waal, Meray Banray Day X4

BUMBRO BUMBRO

BUMBRO BUMBRO, SHYAM RANG BUMBRO X2
AAYE HO KIS BAGIYA SE, OH OH TUM
BUMBRO BUMBRO, SHYAM RANG BUMBRO X2
AAYE HO KIS BAGIYA SE, OH OH TUM
BHANWRE O SHYAM BHANWRE, KHUSHIYON KO SAATH LAAYE
MEHNDI KI RAAT MEIN TUM, LEKE SAUGAT AAYE

HO, KAAJAL KA RANG LAAYE, NAZREIN UTAARNE KO
BAAGHON SE PHOOL LAAYE, RASTE SANWAARNE KO
HAAN, KAAJAL KA RANG LAAYE, NAZREIN UTAARNE KO
BAAGHON SE PHOOL LAAYE, RASTE SANWAARNE KO
HAAN MEHNDI KI CHHAON MEIN GEET SUNAYEIN BUMBRO
JHOOME NACHEIN SAAZ GAAYEIN, JASHN MANAYEIN BUMBRO
BUMBRO BUMBRO, SHYAM RANG BUMBRO X2
AAYE HO KIS BAGIYA SE, OH OH TUM

KHIL KHIL KE LAAL HUA MEHNDI KA RANG AISE
GORI HATHELIYON PE KHILTE HO PHOOL JAISE
BUMBRO BUMBRO BUMBRO BUMBRO
AE, KHIL KHIL KE LAAL HUA MEHNDI KA RANG AISE
GORI HATHELIYON PE KHILTE HO PHOOL JAISE
YEH RANG DHOOP KA, YEH RANG CHHAON KA HAI
MEHNDI KA RANG NAHIN, MAA KI DUAAON KA HAI
IS MEHNDI KA RANG HAI SACHCHA, BAAKI SAARE JHOOTE
HAATHON SE AB MEHNDI KA YEH RANG KABHI NA CHHOOTE

O BUMBRO BUMBRO, SHYAM RANG BUMBRO X2
AAYE HO KIS BAGIYA SE, OH OH TUM
BUMBRO BUMBRO, SHYAM RANG BUMBRO X2
AAYE HO KIS BAGIYA SE, OH OH TUM

CHANDA KI PAALKI MEIN DIL KI MURAAD LAYI
JANNAT KA NOOR LEKE MEHNDI KI RAAT AAYI
MEHNDI KI RAAT AAYI
CHANDA KI PAALKI MEIN DIL KI MURAAD LAYI
JANNAT KA NOOR LEKE MEHNDI KI RAAT AAYI
RUKH PE SAHELIYON KE, KHWABON KI ROSHNI HAI
SABNE DUAAYEIN MAANGI, RAB NE KABOOL KI HAI
YEH HAATHON MEIN MEHNDI HAI YA SHAAM KI DAALI, BUMBRO
CHAAND SITAARE REHKAR AAYE, RAAT KI DAALI

OH CHANDA KI PAALKI MEIN DIL KI MURAAD LAYI
JANNAT KA NOOR LEKE MEHNDI KI RAAT AAYI
RUKH PE SAHELIYON KE, KHWABON KI ROSHNI HAI
SABNE DUAAYEIN MAANGI, RAB NE KABOOL KI HAI

YEH HAATHON MEIN MEHNDI HAI YA SHAAM KI DAALI, BUMBRO
CHAAND SITAARE REHKAR AAYE RAAT KI DAALI, BUMBRO
HAAN BUMBRO BUMBRO SHYAM RANG BUMBRO
BUMBRO BUMBRO, SHYAM RANG BUMBRO
AAYE HO KIS BAGIYA SE, OH OH TUM
AAYE HO KIS BAGIYA SE

BUMBRO BUMBRO, OH OH TUM X2
AAYE HO KIS BAGIYA SE
BUMBRO BUMBRO, OH OH
BUMBRO BUMBRO
AAYE HO KIS BAGIYA SE
OH OH TUM
BUMBRO BUMBRO X5

TAAREEF KAROON KIA USKI

(YEH CHANDSA ROSHAN CHEHRA
ZULFON KA RANG SUNEHRA
YEH JHEEL SI NEELI ANKHEN
KOI RAAZ HAI INME GEHRA
TAARIF KARUN KYA USKI JISNE TUMHE BANAYA) X2

EK CHEEZ QAYAMAT BHI HAI
LOGON SE SUNA KARTE THE
TUMHE DEKH KE MAINE MANA
WOH THEEK KAHA KARTE THE
WOH THEEK KAHA KARTE THE

HAI CHAAL MEIN TERI ZAALIM
KUCH AISI BALA KA JAADU
SAU BAAR SAMBHALA DILKO
PAR HO KE RAHA BEKABU
TAARIF KARUN KYA USKI JISNE TUMHE BANAYA

YEH CHANDSA ROSHAN CHEHRA
ZULFON KA RANG SUNEHRA
YEH JHEEL SI NEELI ANKHEN
KOI RAAZ HAI INME GEHRA
TAARIF KARUN KYA USKI JISNE TUMHE BANAYA

(Har subah kiran ki lali
Hai rang tere gaalo ka
Har shaam ki chadar kali
Saaya hai tere balo ka) X2

Tu balkhati ek nadiya
Har mauj teri angdaayee
Jo in maujo mein dooba
Usne hi yeh duniya payi
Taarif karun kya uski jisne tumhe banaya

Yeh chandsa roshan chehra
Zulfon ka rang sunehra
Yeh jheel si neeli ankhen
Koi raaz hai inme gehra
Taarif karun kya uski jisne tumhe banaya

Main khoj mein hoon manzil ki
Aur manzil paas hai meri
Mukhde se hata do anchal
Ho jaye door andhere
Ho jaye door andhere
Mana ke ye jalwe tere
Kar denge mujhe deewana
Jee bhar ke zara mein dekhun
Andaz tera mastana
Taarif karun kya uski jisne tumhe banaya

Tenu leke mei jawaan ga

(Hey Ya Heeriye Sehra Baandh Ke Main Toh Aaya Re
Hey Ya Doli Baarat Bhi Saath Mein Main Toh Laaya Re) X3

Ab Toh No Hota Hai Ek Roz Intezaar
Soni Aaj Nahi Toh Kal Hai Tujhko Toh Bas Meri Honi Re
Tenu Leke Main Javanga, Dil Deke Main Javanga X2

Hey Ya... Hey Ya...

Aa Keh De Zamane Se, Tu Mere Ishq Ki Hai Daastaan

Hey Ya... Hey Ya...

O Jaaniya Keh De Bahaane Se
Main Tera Jism Hoon, Tu Meri Jaan
Kuch Na Chupa

Mushkilon Se Milta Hai Aisa Sona Pyar
Soni Cheez Tere Jaisi Na Mujhko Na Mujhko Khoni Re
Tenu Leke Main Javanga, Dil Deke Main Javana X2

Ko Ko Korina

MEREY KHAYALON PEH CHAEE HAI EK SOORAT MATWALI SI
NAZUK SI SHARMILI SI MASOOM SI BHOLI BHALI SI
REHTI HAI WOH DOOR KAHIN, ATA PATA MALOOM NAHIN

KO KO KO RINA X2

JHEEL SI GEHRI AANKHEN USKI PHOOL SA JISKA CHEHRA
KAALI ZULFEIN NAAGAN BAN KER DETI HAIN JIS PEH PEHRA

TUM, POOCHO GEY MUJH SEY,
DUNIYA BHAR MEIN,
KAUN HAI AISA HASEEN

MEREY KHAYALON PEH CHAEE HAI EK SOORAT MATWALI SI
NAZUK SI SHARMILI SI MASOOM SI BHOLI BHALI SI
REHTI HAI WOH DOOR KAHIN, ATA PATA MALOOM NAHIN

KO KO KO RINA X2

HOSAKTA HAI KAL PHIR MUJHKO WAQT WAHAN LEY JAYE
MEIN GHABRAOON DEKH KEH USKO WOH MUJH SEY SHARMAYE

MEIN KEHDOONGA DILBER,
MEIN NEY SHAYAD,
DEKHA HAI TUMKO KAHEEN

Merey khayalon peh chaee hai ek soorat matwali si
Nazuk si sharmili si masoom si bholi bhali si
Rehti hai woh door kahin, ata pata maloom nahin..

Ko Ko Ko rina X4

Mehendi Laga ke rakhna

Ye kudiyaan nashe di pudiyaan
Ye munde gali de gunde
Ye kudiyaan nashe di pudiyaan
Ye munde gali de gunde
Nashe di pudiyaan
Gali de gunde..

Mehndi laga rakhna
Doli saja ke rakhna
Mehndi laga rakhna
Doli saja ke rakhna
Lene tujhe o gori
Aayenge tere sajna

Mehndi laga rakhna
Doli saja ke rakhna
Oh.. ho.. oh.. ho..
Sahra sajake rakhna
Chehra chhupake rakhna
Sahra sajake rakhna
Chehra chhupake rakhna
Yeh dil ki baat apne
Dil mein dabake rakhna

Sahra sajake rakhna

Chehra chhupake rakhna

Mehndi laga rakhna

Doli saja ke rakhna

Hoye.. hoye.. hoye..

Hoye.. hoye.. hoye..

Ud udke teri zulfein

Karti hain kya ishaare

Dil thaamke khade hain

Aashiq sabhi kanware

Chhup jaayein saari kudiyaan

Ghar mein sharamke maare

Gaanv mein aa gaye hain

Paagal shehar ke saare

Nazrein jhukake rakhna

Daaman bachake rakhna

Nazrein jhukake rakhna

Daaman bachake rakhna

Lene tujhe o gori

Aayenge tere sajna

Mehndi laga rakhna

Doli saja ke rakhna

Sahra sajake rakhna

Chehra chhupake rakhna

MAIN EK JAWAAN LADKA
TU EK HASEEN LADKI
YE DIL MACHAL GAYA TOH
MERA KUSOOR KYA HAI

RAKHNA THA DIL PE KAABU
YE HUSN TOH HAI JAADU
JAADU HI CHAL GAYA TO
MERA KUSOOR KYA HAI
RASTA HAMARA TAKNA
DARWAAZA KHULA RAKHNA
RASTA HAMARA TAKNA
DARWAAZA KHULA RAKHNA
LENE TUJHE O GORI
AAYENGE TERE SAJNA

(KUCHH AUR AB NA KEHNA
KUCHH AUR AB NA KARNA) X2
YEH DIL KI BAAT APNE
DIL MEIN DABAKE RAKHNA
MEHNDI LAGA RAKHNA
DOLI SAJA KE RAKHNA
SAHRA SAJAKE RAKHNA
CHEHRA CHHUPAKE RAKHNA
SHAVA HOYYI.. HOYYI.. HOYYI. X7
SHAVA..

Maahi ve

Maahi ve maahi ve, that's the way maahi ve
Tere maathe jhumar damke
Tere kaanon baali chamke hai re
Maahi ve

Tere haathon kangna khanke
Tere pairon paayal chhanke hai re
Maahi ve

Nainon se bole rabba rabba
Mann mein dole rabba rabba
Amrit ghole rabba rabba tu soniye

(Jind maahi ve soni soni aaja maahi ve
Everybody say soni soni aaja maahi ve) X3

That's the way maahi ve
O teri aankhen kaali kaali
Tera gora gora mukhda hai re
Maahi ve

Teri rangat jaise sona
Tu chaand ka jaise tukda hai re
Maahi ve

TERE GAAL GULAABI RABBA RABBA
CHAAL SHARAABI RABBA RABBA
DIL KI KHARAABI RABBA RABBA TU SONIYE

(JIND MAAHI VE SONI SONI AAJA MAAHI VE
EVERYBODY SAY SONI SONI AAJA MAAHI VE) X3

BARSE RANGINI KALIYAAN HAI MAHEKI BHEENI BHEENI
BAJE MANN MEIN HALKE HALKE SHEHNAAI RE
JITNE HAIN TAAREIN AANCHAL MEIN AA GAYE SAARE
DIL NE JAISE HI LI ANGDAAYI RE

HEY, TU JO AAYI SAJKE MEHNDI RACHKE
CHAL BACHKE O SONIYE
DIL KITNO KA KHAAYE DHAJKE O SONIYE

(JIND MAAHI VE SONI SONI AAJA MAAHI VE
EVERYBODY SAY SONI SONI AAJA MAAHI VE) X3

CHANDA MERI CHANDA TUJHE KAISE MAIN YEH SAMJHAAOON
(MUJHE LAGTI HAI TU KITNI PYAARI RE) X2
O KHUSHIYAAN JITNI HAIN, SAB DHOOND DHOONDKE LAAOON
(TERI DOLI KE SANG KAR DOON SAARI RE) X2

HEY, TU JO AAYI SAJKE MEHNDI RACHKE
CHAL BACHKE O SONIYE

Dil kitno ka khaaye dhajke o soniye

(Jind maahi ve soni soni aaja maahi ve
Everybody say soni soni aaja maahi ve) x3

Tere maathe jhumar damke
Tere kaanon baali chamke hai re
Maahi ve
Hey, tere haathon kangna khanke
Tere pairon paayal chhanke hai re
Maahi ve

Nainon se bole rabba rabba
Mann mein dole rabba rabba
Amrit ghole rabba rabba o soniye
Jind maahi ve, jind maahi ve

(Jind maahi ve soni soni aaja maahi ve
Everybody say soni soni aaja maahi ve) X3

The Medley

Mere dil mein aaj kya hai
Tu kahe to main bata du
Na chahu sona chandi
Na chahu heera moti
Ye mere kis kam ke
Na mangu bangla gadi
Na mangu ghoda gadi
Ye to hai bas naam ke
Deti hai dil de
Badle mein dil ke
Deti hai dil de
Badle mein dil ke

Ghe ghe ghe ghe ghere sahiba
Pyar mein sauda nahi
Ghe ghe ghe ghe ghere sahiba
Pyar mein sauda nahi

(Jhooth bole
Are jhooth bole kauwa kate
Kale kauwe se dario
Mai maike chali jaungi
Tum dekhte rahiyo
Main maike chali jaungi
Tum dekhte rahiyo) X2

(Le jayenge le jayenge
Dil wale dulhaniya le jayenge) X3
(Are rah jayenge rah jayenge
Ghar wale dekhte rah jayenge) X2
Le jayenge le jayenge
Dil wale dulhaniya le jayenge

(Ye galiya ye chobara
Yaha aana na dobara) X2
Ab hum to bhaye pardeshi
(Ke tera yaha koi nahi) X2

(Le ja rang birangi yade
Hasne rone ki buniyade) X2
Ab ham to bhaye pardeshi
(Ke tera yaha koi nahi) X2

(Bachna aye hasino lo main aa gaya) X2
Husn ka aashiq husn ka dusman
Apni adaa hai yaro se juda
Bachna aye hasino lo main aa gaya

Aap yaha aaye kisliye
Aapne bulaya isliye
Aaye hai to kam bhi bataiye
Na na pahle aap jara mushkuraiye
Aap yaha aaye kisliye

(MAIN NIKLA HO GADI LEKE) X2
HO RASHTE PAR HO SADAK ME
(EK MOD AAYA MAIN UTHE DIL CHHOD AAYA) X2
RAB JANE KAB GUZRA AMRITSHAR
O KAB JANE LAHOR AAYA
MAIN OTHE DIL CHHOD AAYA
EK MOD AAYA MAIN UTHE DIL CHHOD AAYA

(CHUP CHUP KHADE HO JARUR KOI BAAT HAI
PAHLI MULAKAT HAI YE PAHLI MULAKAT HAI
PAHLI MULAKAT HAI YE PAHLI MULAKAT HAI) X2

(RAJA KI AAYEGI BARAT RANGILI HOGI RAAT
MAGAN MAIN NACHUNGI
HO..MAGAN MAIN NACHUNGI) X2
RAJA KI AAYEGI BARAT

(AAJ KAL TERE MERE PYAR KE
CHARCHE HAR ZUBAN PAR
SABKO MALUM HAI OR SABKO KHABAR HO GAYI) X2

(O PARDESIYA
PARDESIYA YE SACH HAI PIYA
SAB KAHTE HAI MAINE TUJHKO DIL DE DIYA
MAIN KAHTI HU TUNE MERA DIL LE LIYA) X2
MAIN KAHTI HU TUNE MERA DIL LE LIYA

Ude jab jab Zulfe teri
Ho ude jab jab Zulfe teri
(Kuwariyo ka dil machle) X2
Jind meriye
Ho jab aise chikne chahere
Ho jab aise chikne chahere
To kaise na nazar phisle
To kaise na nazar phisle
Jind meriye

O dilwalo dil mera sun ne ko beqaraar hai
(Kaho na pyaar hai) X4
Chahat se hum tum hai
Chahat se sansar hai
(Kaho na pyaar hai) X4

Ajib daastan hai ye
Kaha shuru kaha khatam
Ye manzile hai kaun si
Na wo samaj sake na hum
Mubarake tumhe ke tum
Kisi ke noor ho gaye
Kisi ke itne paas ho
Ke sabse door ho gaye
Ajib daastan hai ye

AY HAY HAY, OH HO HO, AH HA HA
YAHA KAL KYA HO KISNE JAANA
ZINDAGI EK SAFAR HAI SUHANA
YAHA KAL KYA HO KISNE JAANA

(TUM PAAS AAYE YUN MUSKURAYE) X2
TUMNE NAJAANE KYA SAPNE DIKHAYE
AB TO MERA DIL JAAGE NA SOTA HAI
(KYA KARU HAAYE KUCH KUCH HOTA HAI) X2
(KUCH KUCH HOTA HAI) X2

(MEHNDI LAGA KE RAKHNA
DOLI SAJA KE RAKHNA) X2
LENE TUJE O GORI
AAYENGE TERE SAJNA
(MEHNDI LAGA KE RAKHNA
DOLI SAJA KE RAKHNA) X2
LENE TUJE O GORI
AAYENGE TERE SAJNA
(MEHNDI LAGA KE RAKHNA
DOLI SAJA KE RAKHNA) X2

SHAVA HOYE HOYE HOYE X7

86

Bano Tere Abba Ki Oonchi Haveli

Bano tere abba ki oonchi haveli
Bano tere abba ki oonchi haveli
Bano mein dhoondta chala aaya X2

Bano teri, payal ki chan tooti
Bano teri, payal ki chan tooti
Bano mein, ghungroo chunta aaya X2

Bano tere, jhoomer ke laryan tooteen
Bano tere, jhoomer ke laryan tooteen
Bano mein, moti chunta aaya X2

Bano tere sehray ki lar jo tooti
Bano tere sehray ki lar jo tooti
Bano mein, kalyan chunta aaya X2

Bano tere jhumkay ke nath they jhootay
Bano tere jhumkay ke nath they jhootay
Bano mein sachay moti laaya X2

Bano tere abba ki oonchi haveli
Bano tere abba ki oonchi haveli
Bano mein dhoondta chala aaya X2

MEINE TUMHARI GAGAR SE

MAINE TUMHARI GAAGAR SE KABHI PANI PIYA THA
PYASA THA MEIN YAAD KARO

SUN LO ZARA GORI, TUM SHARMAKAY THORA SA
BALKHAYEEN THI
WOH DIN YAAD KARO

MAINE TUMHARI GAAGAR SE KABHI PANI PIYA THA
PYASA THA MEIN YAAD KARO

(YEH TERE KAAJAL KA RANG
HUA THA…HAAN MEREA AKHON KE SANG
GORI TUM WOH DIN YAAD KARO
GORI TUM WOH DIN YAAD KARO) X2

MAINE TUMHARI GAAGAR SE KABHI PANI PIYA THA
PYASA THA MEIN YAAD KARO

(MEIN KUCH KEHNA SAKA
SHAANON SE JUB AANCHAL GIRA
GORI TUM WOH DIN YAAD KARO
GORI TUM WOH DIN YAAD KARO) X2

(Kya...tumhey yaad nahi
Tum bhi tho milay they waheen
Gori tum woh din yaad karo
Gori tum woh din yaad karo) X2

Maine tumhari gaagar se kabhi pani piya tha
Pyasa tha mein yaad karo

Sun lo zara gori, tum sharmakay thora sa
balkhayeen the

(Maine tumhari gaagar se kabhi pani piya tha
Pyasa tha mein yaad karo) X4

LUDDI HE JAMALO

(LUDDI HEY JAMALO PAO LUDDI HEY JAMALO
LUDDI HEY JAMALO PAO LUDDI HEY JAMALO

DUNYA TE PYAAR MILAY
KOI DILDAAR MILAY
AANDA SAWAT GAL BAAT DA
KILREY ME VAAL MERE
REINA ME NAAL TERE
WADA HAI PEHLI MULAQAAT DA) X2

LUDDI HEY JAMALO PAO LUDDI HEY JAMALO
LUDDI HEY JAMALO PAO LUDDI HEY JAMALO

HO-O-O
(TAINU TAKIYAN BINA
PYAAR MANGIYA TERA) X2
AY VEE JANA NA MEIN
KON DILBER MERA
DUNYA BULAAN TENU
AKHIYAN MANAAN TENU
SARAN VICH SHOR BARSAAT DA

HO-O-O
LUDDI HEY JAMALO PAO LUDDI HEY JAMALO
LUDDI HEY JAMALO PAO LUDDI HEY JAMALO

AAKAY KYOON TUR GAYA

ROG LAG JAYAY GA

AAKAY KYOON TUR GAYA

ROG LAG JAYAY GA

KALEE REH JAN GEE MEIN

KI MAZA AAYAY GA

AIWAAN DAIHAAN RAWAY

SAARA JAHAAN KARAY

CHOOTNA SAATH DIN RAAT KA

HO-O-O

LUDDI HEY JAMALO PAO LUDDI HEY JAMALO

LUDDI HEY JAMALO PAO LUDDI HEY JAMALO

DUNYA TE PYAAR MILAY

KOI DILDAAR MILAY

AANDA SAWAT GAL BAAT DA

KILREY ME VAAL MERE

REINA ME NAAL TERE

WADA HAI PEHLI MULAQAAT DA

LUDDI HEY JAMALO PAO LUDDI HEY JAMALO

LUDDI HEY JAMALO PAO LUDDI HEY JAMALO

BALLAY BALLAY

BALLAY BALLAY NI DOR PUNJABAN DI
HO BALLAY BALLAY NI DOR PUNJABAN DI
(HO JUTTI KHAL DI MARONA NAIO CHAL DI DOR PUNJABAN DI) X2
HO BALLE BALLE!

(RAAT KI RANGINI DEKHO
KYA RANG LAAI HAI
HAATHON KI MEHENDI BHI JAISE
KHIL-KHIL AAI HAI) X2

MASTIYON NE AANKH YUN KHOLI
O.. JHOOMTI DHADKAN YAHI BOLI

BALLE BALLE..
HO BALLE BALLE NACHE HAI YE BAWRA JIYA
BALLE BALLE LE JAYEGA SANWRA PIYA
JALE JALE NAINO MEIN JAISE PYAR KA DIYA
BALLAY BALLAY NACHE HAI YE BAWRE JIYA
BALLAY BALLAY LE JAYEGA SANWRA PIYA

JEE BHAR KE AAJ NAACH LE
AA SAARI RAAT NAACH LE
SHARMANA CHHOD NAACH LE
NAACH LE.. OYE, OYE!

CHAHNE LAGE DIL JISE USSI PE ADDH JAAYE
DOOR NA RAHE YAAR SE AANKH JAB LAD JAAYE
HO JAHAN BHI HO RAASTA WAHIN KO MUD JAAYE
KOI PYAAR KA RAAG SA BADAN MEIN CHHID JAAYE

KHWAAB AANKHON MEIN SAJAYEGA PIYA KE SANG RE
GIN GIN GIN GIN KE AB DIN AAYE WO PIYA KE SANG

O BALLE BALLE..
O BALLE BALLE NACHE HAI YE BAWRA JIYA
BALLE BALLE LE JAYEGA SANWRA PIYA
JALE JALE NAINO MEIN JAISE PYAR KA DIYA
BALLAY BALLAY NAACHE HAI YE BAWRE JIYA
BALLAY BALLAY LE JAYEGA SANWRA PIYA

(PHOOLON SI MEHEKE TERI ZINDAGI BAHAAR HO
DHEERON WAFAEIN MILE PYAAR BESHUMAAR HO) X2

LAAGE NAZAR NA ISS JODE KO KISI KI
KAISA SAMA HAI YE AANSU BHI HAI KHUSHI BHI
LO NAYI DUNIYA BASANE KO PIYA KE SANG RE
APNE GHAR JAANE KO PIYA KE SANG

O BALLE BALLE..
BALLE BALLE NACHE HAI YE BAWRE JIYA
BALLE BALLE LE JAYEGA SANWRA PIYA
JALE JALE NAINO MEIN JAISE PYAR KA DIYA
BALLAY BALLAY NAACHE HAI YE BAWRA JIYA

93

Zara dholki bajao goriyun

Zara dholki bajao goriyo
Mere sang sang gao goriyo
Sharmayo na lagaakey mehndi
Zara taaliyan bajao goriyo

Yeh ghari hai milan ki
Aik sajan se sajan ki
Yeh ghari hai milan ki
Aik sajan se sajan ki

Geet aisa koi gao goriyo
Aisi dholki bajao goriyo
Zara innki bhi chaal dekhlo
Aaj inko bhi nachao goriyo

Yeh ghari hai milan ki
Aik sajan se sajan ki
Yeh ghari hai milan ki
Aik sajan se sajan ki

(Aisa hoga, naach gaana
Jhoom uthay ga, yeh zamana
Aaj tum bhi, aazmana
Hur adhayay, dil banana) X2

ZARA JALDI SE JAO GORIYO
KOI AAINA THO LAO GORIYO
INNHAY NAAZ HAI BOHOT KHUD PER
INHEY AAINA DIKHAO GORIYO

YEH GHARI HAI MILAN KI
AIK SAJAN SE SAJAN KI
YEH GHARI HAI MILAN KI
AIK SAJAN SE SAJAN KI

KISI BEDH KO BULAO GORIYO
NAFS INKI DIKHAO GORIYO
IN KO HUSN PER GHUROOR HAI BOHOT
INKA BARA NEECHAY LAO GORIYO

YEH GHARI HAI MILAN KI
AIK SAJAN SE SAJAN KI
YEH GHARI HAI MILAN KI
AIK SAJAN SE SAJAN KI

HUM GHALAT THEY HUM NEY MAANA
TUM BHI WAAPUS, LEYLO TAANA
LARHNAY KA YEH KUB HAI MAUQA
KYA KAHAY GA YEH ZAMANA

HUM GHALAT THEY HUM NEY MAANA BABA
TUM BHI WAAPUS, LEYLO TAANA

Larhnay ka yeh kub hai mauqa
Kya kahay ga yeh zamana

Kisi kazi ko bulao goriyo
Abhi faisla karao goriyo
Kahaan milay ko humsa dulha
Inhey dulhan banao goriyo

Yeh ghari hai milan ki
Aik sajan se sajan ki
Yeh ghari hai milan ki
Aik sajan se sajan ki

Sanwali Saloni si mehbooba

(Sanwali saloni si mehbooba
Teri churiyan sharang kar ke
Jaane kesi aas dilaye
Haye haye karein sab larkay) X2

Amreeka ke na Japan ke X2
Hum toh hain deewane multan ke
Jaamni hont sarayeki bolay
Aur kaano main ras tapkay
Sanwali saloni si mehbooba
Teri churiyan sharang kar ke

Dil aya hai jab se shaam pay X2
Hum bethain hain bas araam se
Subah suhaani raat nasheeli
Kya karengay pasand karkay
Sanwali saloni si mehbooba
Teri churiyan sharang kar ke

Teri nazuk kalayi sanwali X2
Jis din se hai hum ne thaam li
Jitne thay tere chahne walay
Ab jeetay hain mar mar ke
Sanwali saloni si mehbooba
Teri churiyan sharang kar ke

Kabhi payal baajay chan

KABHI PAYAL BAAJE CHAN X2
SHEHNAYEE KI DHUN PE KIS NE CHEDA AISA RAAG
AAG LAGA DI YAAR X3

KABHI PAYAL BAAJE CHAN X2

(DHEERE DHEERE CHAL KE GORI KIN SE GEET CHUPAYE
TEZ HAWA SE MIL KE PAYAL SAB KO GEET SUNAYE) X2
SAB KO GEET SUNAYE....

KABHI PAYAL BAAJE CHAN X2
SHEHNAYEE KI DHUN PE KIS NE CHEDA AISA RAAG
AAG LAGA DI YAAR X3

KABHI PAYAL BAAJE CHAN X2

(KIN SOCHO MEIN GUM BAITHI HO KIS KI YAAD SATAYE
PAYAL TO NAGHME CHEDE HAI TU KYON MEER BAHAYE) X2
TU KYON MEER BAHAYE

KABHI PAYAL BAAJE CHAN X2
SHEHNAYEE KI DHUN PE KIS NE CHEDA AISA RAAG
AAG LAGA DI YAAR X3

DIL WALAY DULHANIYA LE JAYEINGE

(LE JAYENGE LE JAYENGE
DILWALE DULHANIYA LE JAYENGE) X2
AJI RAHEY JAYENGE RAHEY JAYENGE
PAISEWALEY DEKTEY RAHEY JAYENGE
LE JAYENGE LE JAYENGE
DILWALE DULHANIYA LE JAYENGE

TUM HO KALI TO GULAB HUM HAIN
HO HTHON SE LAGALO TOH SHARAB HUM HAIN
KAHETE HAIN LOG KE KHARAB HUM HAIN
TERI HAR BAAT KA JAWAB HUM HAIN
HOO APNE DO HAATHON SE
KAMAYA HUA KHANEWALE
APNA PARAYA KABHI KHANENGE.. SASURJI
LE JAYENGE LE JAYENGE TERI SHON MACHARIYA
LE JAYENGE
LE JAYENGE LE JAYENGE
DILWALE DULHANIYA LE JAYENGE
LE JAYENGE

MAIN BHI TERE SAATH HOON
DIL BHI TERE SAATH
OH OH CHAHEY JAB AAJA CHANDA LEKE BAARAT
HOO MERE PAS KHOTI HAI NA CAR SAJNI
KADKA HAI TERA DILDAR SAJNI

Kothi bangla na mujhey car chahiye
Dil chahiye dildar chahiye
Hoo ho chal phir soniye
Thodiye na baliye
Dil ki hi duniya basayenge, o bulbul
Le jayenge haan le jayenge teri baag ki
bulbul
Le jayenge le jayenge
Dilwale dulhaniya le jayenge
Le jayenge

Dhar pe khadey hai
Kalyan kar do
Hoo kaam koi ek toh mahaan kar do
Kharcha dahej ka bhi bach jayega
Lagey haathon kanya ka dhan kar do
Hoo hokabhi kabhi tere ghar
Tirth samaj kar darshan ko hum aayenge
Sasurji, le jayenge dilwale dulhaniya
Le jayenge
Aji rahey jayenge rahey jayenge
Paisewaley dektey rahey jayenge
Rahey jayenge

Pyara Bhaiya mera Dulha raja

(Pyaara bhaiya mera
Dulha raja ban ke aa gaya
Pyaara bhaiya mera) X2
Resham ki pagdi pe sehra
Ghar aangan mehka gaya
Pyaara Bhaiya Mera

Aaj kaisi dhoom hai
Gaa rahi shehnaiyan
Aanchalon ki chhaon mein
Baitha bhaiya saiyan
Saj ke doli aayegi
Laut ke jab sath mein
Pyaari si bhaabhi ka hath
Loongi apne hath mein
Phie ek din arre kya kehna
Ek phool sa khilega angna

yaara bhaiya mera
Dulha raja ban ke aa gaya
Pyaara bhaiya mera
Resham ki pagdi pe sehra
Ghar aangan mehka gaya
Dekho yaara mera

Dekho kaisi saj rahi
Soorat mere yaar ki
Masti mein kya jhoomti
Shaam aayi pyar ki
Goriyon ke beech mein
Baitha kaisi shaan se
Aise hi poore hon din
Mere bhi armaan ke
In hathon mein bhi koyi hath aaye
Apni bhi suhaag ki raat aaye

Pyaara bhaiya mera
Dulha raja ban ke aa gaya
Pyaara bhaiya mera
Resham ki pagdi pe sehra
Ghar aangan mehka gaya
Dekho yaara mera

Chotay chotay bhaiyun ke baray bhaiya

Chhote chhote bhaiyon ke bade bhaiya
Aaj banenge kise ke saiyaan
Chhote chhote bhaiyon ke bade bhaiya
Aaj banenge kise ke saiyaan
Dhol nagade baje shehnaiyan
Jhoom ke aayi mangal ghadiyan

Bhabhi ke sang holi mein
Rang gulaal udayenge
Bhabhi ke sang holi mein
Rang gulaal udayenge
Aayegi jab jab diwali
Milkar deep jalayenge
Chunri ki kar degi chhaiyan
Hey chunri ki kar degi chhaiyan
Aayegi banke purwaiyan
Hoye chhote chhote bhaiyon ke bade bhaiya
Aaj banenge kise ke saiyan

Jhilmil ho gayi hain ankhiyan
Yaad aayi bachpan ki ghadiyan
Jhilmil ho gayi hain ankhiyan
Yaad aayi bachpan ki ghadiyan
Naye safar mein lag jayegi
Pyar ki inko hathkadiyan

103

JACHTE HAIN DEKHO KAISE BADE BHAIYA

JACHTE HAIN DEKHO KAISE BADE BHAIYA

RAMJI BIHANE CHALE SITA MAIYA

HOY CHHOTE CHHOTE BHAIYON KE BADE BHAIYA

AAJ BANENGE KISE KE SAIYAN

DHOL NAGADE BAJE SHEHNAIYAN

JHOOM KE AAYI MANGAL GHADIYAN

Lo Chali mei

Lo chali main
Apne devar ki baaraat le ke
Lo chali main X2
Apne devar ki baaraat le ke
Lo chali main

Na band baaja, na hi baaraati,
Khushiyon ki saugaat le ke
Lo chali main X2
Apne devar ki baaraat le ke
Lo chali main

Devar dulha bana, sar pe sehra saja
Bhabhi badhkar aaj balaiyan leti hai

Prem ki kaliyan khile, pal pal khushiyan mile
Sachche man se aaj duayen deti hai
Ghode pe chadh ke, chala hai baanka,
Apni dulhan se milne
Lo chali main X2
Apne devar ki baaraat le ke
Lo chali main

Waha waha ramji, jodi kya banaai
Devar devraniji, badhai ho badhai

Sab rasmon se badi hai jag mein
Dil se dil ki sagai

Aai hai shubh ghadi, aaj bani maein badi
Kal tak ghar ki bahu thi ab hoon jethani

Hukum chalaungi maein,
Aankh dikhaungi maein
Sehmi khadi rahegi meri devrani
Hazaar sapne, palkon mein apne,
Deewani maein saath le ke
Lo chali main X2
Apne devar ki baaraat le ke
Lo chali main

Shadmani ho Shadmani

(HAI MUBARAK AAJ KAA DIN RAT AAYI HAIN SUHANI SHADMANI HO
SHADMANI, SHADMANI HO SHADMANI) X2
(AAJ TOH NASHA AISA CHADA PUCHHO NAA YARO
MAI HU AASMAN PE MUJHE NICHE UTARO) X2
MUJHPE SADA HASTI RAHO YUHI BAHARO
MILKE MERE SATH NACHO AAPKI HAIN MEHARBANI
SHADMANI HO SHADMANI X2

HAI MUBARAK AAJ KAA DIN RAT AAYI HAIN SUHANI
SHADMANI HO SHADMANI X2

(DEKHO MEREE AANKHO ME HAIN DORE GULABEE
MAI TOH NAHEE PITA HUWA PHIR BHEE SHARABI) X2
YEH HAIN TERE PYAR KAA NASHA CHANDA SIVA BHEE
HAIN YEH RAJA GHAR MAI LEKE AA GAYA PARIYO KEE RANI
SHADMANI HO SHADMANI X2

HAI MUBARAK AAJ KAA DIN RAT AAYI HAIN SUHANI
SHADMANI HO SHADMANI X2
AANGAN ME BARSE SADA KHUSHIYO KEE JHADI
BANDHI TERE SEHRE ME YEH AASHA KEE LADI
MEREE KHUSHNASIBI HAIN JO DEKHE YEH GHADEE
HAIN NAYA ANDAZ CHAHE RIT HAIN WAHI PURANI
SHADMANI HO SHADMANI X2
HAI MUBARAK AAJ KAA DIN RAT AAYI HAIN SUHANI
SHADMANI HO SHADMANI X2

MEHENDI NI MEHENDI

MEHNDI NI MEHNDI (X4)

AAJ RAL KE LAAVAN

AAEYAN NI

PAINA TE PARJAIAN

MEHNDI NI MEHNDI (X4)

AMBI DA BOOTA VEDE LAAYE

MALI DE RANDI CHOLI PAAYE

TENU AAP SAJAAVAN AAEYAN NI

PAINA TE PARJAIAN

MEHNDI NI MEHNDI (X4)

BEH GAIA SAKHIA CHAR CHAPHERE

RON DIAN AANKHIAN, HASDE CHEHRE

RANG RATRA LAAVAN AAEYAN NI

PAINA TE PARJAIAN

MEHNDI NI MEHNDI (X4)

PUA DE CHACHIAN TAIAN AAEYAN

LAKH DUAVA ATE DEN VADAIAN

TERA SHAGUN MANAVAN AAEYAN NI

PAINA TE PARJAIAN

MEHNDI NI MEHNDI (X4)

AAJ RAL KE LAAVAN

AAEYAN NI

PAINA TE PARJAIAN

MEHNDI NI MEHNDI (X4)

LATHAY DI CHADAR

LATHE DI CHADAR
UTTE SALETI RANG MAHIYA
AAWO SAHMNE, AAWO SAHMNE
KOLON DI RUSS KE NA LANG MAHIYA

(CHANNA KANDAN TUN MARYA E AKH WE
SADDE AATEE DE WICH HATH WE
LATHE DI CHADAR UTTE SALETI RANG MAHIYA) X2

(GALAN GORIYAN TE KALA KALA TIL WE
SANNU AAJ PICHWADE MIL WE
LATHE DI CHADAR UTTE SALETI RANG MAHIYA) X2

(TERE MAA NE CHADYA E SAAG WE
ASAN MANGYA TE MILYA JWAAB WE
LATHE DI CHADAR UTTE SALETI RANG MAHIYA) X2

TERE MAA NE CHEDYA E KHEER WE
ASSAN MANGI TE PEGI PEEDH WE
LATHE DI CHADAR UTTE SALETI RANG MAHIYA

SADDE DIL WICH KI KI WASIYAN
NA TUN PUCHIYAN TE NA ASI DASIYAN
LATHE DI CHADAR UTTE SALETI RANG MAHIYA

TERI MAA NE PAKAAYEEN ROTIYAAN
AASAWANYA THEY PE GAYEEN SOTIYAAN
LATHE DI CHADAR UTTE SALETI RANG MAHIYA

TERI MAA NE PAKAYAY ANDAY
AASAWANYA THEY PE GAYAY DANDAY
LATHE DI CHADAR UTTE SALETI RANG MAHIYA

TERI MAA NE PAKAYEE KHEER WE
AASAWANYA THEY PE GAYEE PEER WAY
LATHE DI CHADAR UTTE SALETI RANG MAHIYA

TERI MAA NE RINNEYA SAAG VE
ASSA MANGEYA TAAN MILEYA JAWAAB VE
LATHE DI CHADAR UTTE SALETI RANG MAHIYA

TERI MAA DE CHITTE CHITTE DAND VE
DA LAGGEYA TAAN DENE ASSA BHANN VE
LATHE DI CHADAR UTTE SALETI RANG MAHIYA

TERI MAA DI LAMBHI SARI GUTT VE
DA LAGGEYA TAAN DENE ASSA PUTT VE
LATHE DI CHADAR UTTE SALETI RANG MAHIYA

TERI MAA NE BANAYI ROTI
ASSAN MANGI TAN PAI GAYI SOTTI
LATHE DI CHADAR UTTE SALETI RANG MAHIYA

Terey naina ne dil mera lutteya
ve tu kihri gallon dass russeya
lathe di chadar utte saleti rang mahiya

Jihra paleya ye naal dudh makhna
mera joban ihh jaye piya sakhna
lathe di chadar utte saleti rang mahiya

Gallan goriyan te kala kala til ve
sanoo aa pichhvare mil ve
lathe di chadar utte saleti rang mahiya

Sanoo kandhan ton maari aa akh ve
merey aatey de wich hath ve
lathe di chadar utte saleti rang mahiya

Channa hass key naa saadey vallh takk ve
meri maa payee karendiya sakk ve
lathe di chadar utte saleti rang mahiya

Merey mann vich ki ki vassiyan
na toon puchhiyan te na main dassiyan
lathe di chadar utte saleti rang mahiya

LAUNG GAWACHA

(PICHHE PICHHE AAUNDA MERI CHAAL BE NA AAYE X2
DIL VAALIYAAN VEKHDA AAYE VE, MERA LAUNG GAWACHA
NIGA MAARDA AAYE VE MERA LAUNG GAWACHA) X2

O O O... AA AA AA...
DIL DE PARIYAN AANKH MAAR MAAR JANDE VE
MILAN MAIN AAYI TENU ROTI DE BAHAANE VE
ROTI DE BAHAANE VE X2
MILAN AAYI TE MILAN NE TE RUS JAANDE SADA LE
MINA KARDE MANAYI VE, MERA LAUNG GAWACHA
NIGA MAR DA AAYE VE, MERA LAUNG GAWACHA
PICHHE PICHHE AAUNDA MERI CHAAL BE NA AAYE
DIL VAALIYAAN VEKHDA AAYE VE, MERA LAUNG GAWACHA
NIGA MAARDA AAYE VE MERA LAUNG GAWACHA

O O O... AA AA AA...
(KAALI KAALI AAYI SI MAIN KAALIYAAN NU VEKHADI
CHAD AAYAASI MAIN AVAAJ NU DEKHDI, AVAAJ NU DEKHDI) X2
MAINU SHAQ PANDA MAIN NAKH NU URAKE
DIG PAIYA HOON DUNG CHHAAIYVE, MERA LAUNG GAWACHA
NIGA MARDA AAYE VE MERA ALUNG GAWACHA
PICHHE PICHHE AAUNDA MERI CHAAL BE NA AAYE
DIL VAALIYAAN VEKHDA AAYE VE, MERA LAUNG GAWACHA
NIGA MAARDA AAYE VE MERA LAUNG GAWACHA

O O O... AA AA AA...

(MAARDA SI JAADO MERA LAUNG SA LASHKAARA VE

PIT PIT TAKDA SI UNO JAG SAARA VE, UNO JAG SAARA VE) X2

IK UTE NAHI MAINE SAARE TE SHAQ VE

SAB LUKA JAA KE PAIYE VE, MERA LAUNG GAWACHA

NIGA MARDA AAYE VE MERA LAUNG GAWACHA

PICHHE PICHHE AAUNDA MERI CHAAL BE NA AAYE

DIL VAALIYAAN VEKHDA AAYE VE, MERA LAUNG GAWACHA

NIGA MAARDA AAYE VE MERA LAUNG GAWACHA

PICHHE PICHHE AAUNDA MERI CHAAL BE NA AAYE

DIL VAALIYAAN VEKHDA AAYE VE, MERA LAUNG GAWACHA

NIGA MAARDA AAYE VE MERA LAUNG GAWACHA

MERA LAUNG GAWACHA, MERA LAUNG GAWACHA

HO MERA LAUNG GAWACHA, HO O O... MERA LAUNG GAWACHA

MEHENDI NA MUJHKO LAGANA

(NA NA NA NA OH NA JI NA NA
MEHNDI MEHNDI NA MUJHKO LAGANA
MUJHE SAAJAN KE GHAR NAHIN JAANA) X2
(CHAAHE KUCH BHI KAHE DIL DEEWANA
DIL KI BAATON MEIN MUJHE NAHIN AANA) X2
NA NA NA NA NA JI NA NA
MEHNDI MEHNDI NA MUJHKO LAGANA
MUJHE SAAJAN KE GHAR NAHIN JAANA

(MAIN TO GHOONGAT MEIN CHAL GAYI
CHUNRI MUJHSE LIPAT GAYI) X2
NEEND NA AAYE MUJHE JAAG MAIN JAAON
KAHIN LUP CHUP JAAON
KAHIN BHAAG MEIN JAAON
KAHAN SE AAYE JAANE KAHAN LE JAAYE YEH RAASTA ANJAANA
CHAAHE KUCH BHI KAHE DIL DEEWANA
DIL KI BAATON MEIN MUJHE NAHIN AANA
NA NA NA NA NA JI NA NA
MEHNDI MEHNDI NA MUJHKO LAGANA
MUJHE SAAJAN KE GHAR NAHIN JAANA

MAIN TO JAADOO KI PUDIYA MAIN TO SHISHE KI GUDIYA X2
ROOT NA JAAON KAHIN TOOT NA JAAON CHALO SAATH SAHELI MAIN
NA JAAON AKELI
CHUP NA RAHOONGI SAAJAN SE KAHUNGI TU PASS NA AANA
CHAAHE KUCH BHI KAHE DIL DEEWANA

DIL KI BAATON MEIN MUJHE NAHIN AANA

Na na na na na ji na na

Mehndi mehndi na mujhko lagana

mujhe saajan ke ghar nahin jaana

Mujhe sajan ke gher jana hai

Mehndi Lagaake Aayi
Haai
Bindiya Sajaake Aayi
Oye Hoye Hoye Hoye
Mehndi Lagaake Aayi
Bindiya Sajaake Aayi
Choodi Khankaake Aayi
Paayal Chhankaake Aayi
Ho Ab Geet Milan Ke Gaana Hai
Gaana Hai Gaana Hai

Mujhe Saajan Ke Ghar Jaana Hai X4
Haan Mujhe Saajan Ke Ghar Jaana Hai
Mujhe Saajan Ke Ghar Jaana Hai X2

Gudiya Patole The
Meriyaan Nishaaniyaan
Yaadon Reh Jaaniyaan
Bachpan Beeta Jawaani Aayi Hoye
Bachpan Beeta Jawaani Aayi
Saajan Ka Sandesa Laayi
Saiyyaanji Ki Sej Ko Jaake
Phoolon Se Mahekaana Hai
Mujhe Saajan Ke Ghar Jaana Hai X2
Haan Mujhe Saajan Ke Ghar Jaana Hai

Jamdiyaan Mohe Piya To
Paraaiyaan Ho Jaandiyaan
Piya Mar Jaaniyaan
Pal Mein Naata Tod Chali Main Hoye
Pal Mein Naata Tod Chali Main
Baabul Ka Ghar Chhod Chali Main
Ab To Piya Ke Des Mein
Saara Jeevan Mujhe Bitaana Hai
Mujhe Saajan Ke Ghar Jaana Hai X2
Haan Mujhe Saajan Ke Ghar Jaana Hai
Oh Oh Oh Aah Aah Aah Aah

Beti Ki Taqdeer Ka Likha Haai
Beti Ki Taqdeer Ka Likha
Padhke Mamta Royi
Kisi Ne Isko Janam Diya
Aur Le Jaaye Ise Koi
Ho Sajdhajke Aaye Baaraati
Laaye Ghode Haathi
O Teri Shaadi Ke Mauke
Pe Milke Sehra Gaayenge
Sada Suhaagan Rahe Tu Banno
Tujhe Duaaein De Jaayenge
Aaj Ki Raina Hum Logon Ko
Jhoom Jhoomke Gaana Hai
Oye Hoye!

Jamdiyaan Mohe Piya To
Paraaiyaan Ho Jaandiyaan
Piya Mar Jaaniyaan
Pal Mein Naata Tod Chali Main Hoye
Pal Mein Naata Tod Chali Main
Baabul Ka Ghar Chhod Chali Main
Ab To Piya Ke Des Mein
Saara Jeevan Mujhe Bitaana Hai
Mujhe Saajan Ke Ghar Jaana Hai X2
Haan Mujhe Saajan Ke Ghar Jaana Hai
Oh Oh Oh Aah Aah Aah Aah

Beti Ki Taqdeer Ka Likha Haai
Beti Ki Taqdeer Ka Likha
Padhke Mamta Royi
Kisi Ne Isko Janam Diya
Aur Le Jaaye Ise Koi
Ho Sajdhajke Aaye Baaraati
Laaye Ghode Haathi
O Teri Shaadi Ke Mauke
Pe Milke Sehra Gaayenge
Sada Suhaagan Rahe Tu Banno
Tujhe Duaaein De Jaayenge
Aaj Ki Raina Hum Logon Ko
Jhoom Jhoomke Gaana Hai
Oye Hoye!

Mujhe Saajan Ke Ghar Jaana Hai X6

Mehendi rang layi

O mehndi rang laayi aj laayi teri sagai X2
Mehndi rang laayi aj laayi teri sagai

Tere hathaan ke sajde mein rang birange phoote X2
Mangdi haan assi ayyo duaein rang kabhi na choote X2

Oye kudiye oye kudiye tere tan se fisal na jaaye X2
Tera lal dupatta malmal ka X2

Oye mundiya oye mundiya seene se nikal na jaaye X2
Armaan tere dil pagal ka X2

Aashiq majnu aawara tha
Sabki nazron ka mara tha
Kya chein se udta phirta tha
Kitna khushaal kawara tha
Oye goriye oye goriye tune udte panchi ko X2
Dil ke pinjre mein band kiya X2

Aa hosh mein aa nadaan zara
Tu maan mera ehsan zara
Chal dekh meri in ankhon mein
Meri chahat ko pehchan zara
Oye pagle oye pagle kaise tujhko samjhaun X2

KYON MAINE ISE PASAND KIYA X4

MERE BHAI SEEDHA SADHA HAI
YE LADKI CHHAIL CHABILI HAI
HAI RANG ROOP KI THIK THAK
BHEJE SE THODI DHEELI HAI
OYE BALIYE OYE BALIYE MERE YAAR JAMEGI KAISE X2
GILLI DANDE KI JODI HAI X3

MANO MERA KEHNA LOGON
MERI SUNDARTA SE PAGAL HAI
SACH KEHTI HU PAR MUJHKO TO YE
BHAI KA CHAMCHA LAGTA HAI
OYE CHHALIYE OYE CHHALIYE ZARA DEKHLE TU AAINA X2
TERE MANN MEIN KOI CHOR HAI X3

CHHODO NA YUN TAKRAR KARO
KHUSHIYON KI GHADI HAI PYAR KARO
EK DUJE SE NA ULJHOGE
MERE SAMNE TUM IZHAAR KARO
OYE HEERIYE OYE HEERIYE YE TO BHOLA BHALA HAI X2
MAT MAAN BURA IS RANJHE KA X3

OYE KUDIYE OYE KUDIYE TERE TAN SE FISAL NA JAYE
TERA LAL DUPATTA MALMAL KA X2
OYE MUNDIYA OYE MUNDIYA SEENE SE NIKAL NA JAYE
ARMAAN TERE DIL PAGAL KA X2
TERA LAL DUPATTA MALMAL KA X5

120

AYA LARIYE

AUNDIYAN NASEEBAN NAL EH GHADIYAAN X2
TERE SEHRE NU SAJAYA DAADHA PHULL KALIYAAN X2

JEEJA X3
AUNDIYAN NASEEBAN NAAL EH GHARIYAN
TERE SEHRE NU SAJAYA DAADHA PHULL KALIYAAN
HO DO DIL SANJHE HEER TE RANJHA
JASHAN MANAAO YAARO KAHNDI AI SHEHNAYI
AAYA LAADIYE, AAYA LAADIYE,
AAYA LAADIYE NI MERA SEHREYAN WALA VYAAWAN AAYA X2

JEEJA KALRA NAI AYA VE TU AJJ DI GHADI
NAAL BHAINA NU VI LE AYA VE TU AJJ DI GHADI X2
JEEJA

SAKHIYAN RAL-MIL JHOOMAR PAIYE
SHAALA EH DIN SAB TE AAYE X2
HO BAL BAL JAAIYE
SHAGAN MANAAIYE
JASHAN MANAAO YAARO KEHNDI AI SHAHNAAYI

AAYA LAARIYE
AAYA LAARIYE
AYA LAARIYE NI MERA SIHRIYAAN WALA WYAAWAN AAYA X2
JIJA KALRA NAI AYA VE TU AJJ DI GHARI
NAAL BHAINA NOU VI LE AYA VE TU AJJ DI GHARI X2

LAKKHAAN DUAWAAN KAR KE MAAPE

MANGDE NE RABB TON EH WELA

APNE HOWAN KOL TE SAJDA SHAGNA DA EH MELA

HO SAJJAN BULAIYE

RAL MIL GAAIYE

SHAGAN MANAAO YAARO KAHNDI AI SHEHNAYI

AAYA LAADIYE

AAYA LAADIYE

AAYA LAARIYE NI MERA SEHREYAAN WAALA VYAAWAN AAYA X2

JEEJA KALRA NAEEN AAYA VE TU AJJ DI GHARI

NAAL BHAINA NU VI LE AYA VE TU AJJ DI GHARI

122

CHAAP TILAK

CHHAP TILAK SAB CHEENLI RAY MOSAY NAINA MILAKAY X2

(PREM BHATEE KA MADHVA PILAIKAY
MADHVA PILAIKAY, MADHVA PILAIKAY) X2
MATVALI KARLI NI RE MOSAY NAINA MILAKAY X2

(GORI GORI BAYYAN, HARI HARI CHURIYAN
HARI HARI CHURIYAN, HARI HARI CHURIYAN) X2
BAYYAN PAKAR DHAR LEENI RAY MOSAY NAINA MILAIKAY X2

(BAL BAL JAAON MEIN TORAY RANG RAJWA
TORAY RANG RAJWA,TORAY RANG RAJWA) X2
APNI SEE KAR LEENI RAY MOSAY NAINA MILAIKAY X2

KHUSRAU NIJAAM KAY BAL BAL JAYYIYE X2
HAN BAL BAL JAIYYIYE, BAL BAL JAYYIYE
KHUSRAU NIJAAM KAY BAL BAL JAYYIYE
MOHAY SUHAAGAN KEENI RAY MOSAY NAINA MILAKAY X2

CHHAP TILAK SAB CHEENLI RAY MOSAY NAINA MILAKAY X2

DIN SHAGNA DA

DIN SHAGNA DA CHADHEYA
AAO SAKHIYON NI VEHRA SAJEYA..HAAN..
MERA SAJNA MILEYA, SAJNA MILAN VADHAIYAN
NI SAAJAN DOLI LEKE AAUNA, NI VEHRA SAJEYA
MERA SAJNA MILEYA, SAJNA MILEYA
SAJNA MILEYA HAAN..
WO HO...

DIN SHAGNA DA CHADHEYA
AAO SAKHIYON NI VEHRA SAJEYA..HAAN...
MERA SAJNA MILEYA, SAJNA MILAN VADHAIYAN
NI SAJAN DOLI LEKE AUNA, NI MERA SAJNA

DHOLNA VE, DHOLNA VE, RANJHAN MAHI DHOLNA
DHOLNA VE, DHOLNA VE, HEER JOGNI DHOLNA
DHOLNA VE DHOLNA, TU MERA NASEEBA DHOLNA
DHOLNA VE DHOLNA, MAIN JUGNI TERI DHOLNA

(JAAVAN NA MAIN BIN SHEHNAIYAN
SATRANGI RUBAIYAAN
SUNAA JA TU HARJAIYAA) X2

SHAMIYAANA SAJAVAN
DOLI LEKE MAIN AAVAN
AATISHBAZI KARAAKE
TENU LEKE MAIN JAAVAN

JAB KISI KO KISI SE PYAR HOTA HAI

(Chhoti chhoti raatein lambi ho jaati hain X2
Baithe bithaaye yunhi neende kho jaati hain
Dil mein bechaini aankhon mein intezaar hota hai
Jab kisi ko kisi se pyaar hota hai X2) X2

Deewanon si haalat hai apni
Pucho na kya chaahat hai apni
Thaamli maine teri yeh baahen
In baahon mein jannat hai apni
Phool sa khilke mehka hai yeh dil
Phir tujhe chhuke mehka hai yeh dil
Dil ka kya hai yeh to harpal bekaraar hota hai
Jab kisi ko kisi se pyaar hota hai X2
Chhoti chhoti raatein lambi ho jaati hain

Panchhi banke ud jaate dil
Milte hain jab sapno ki manzil
Sapne to phir sapne hote hain
Sach hai yeh kab apne hote hain
Jaag kiya phir dekha kab sapna
Jab koi dil ko lage koi apna
Na dil pe kaabo na khud pe ikhtiyaar hoyta hai
Jab kisi ko kisi se pyaar hota hai X2
Chhoti chhoti raatein lambi ho jaati hain
Baithe bithaaye yunhi neende kho jaati hain
Dil mein bechaini aankhon mein intezaar hota hai
Jab kisi ko kisi se pyaar hota hai X2

Aja re more saiyan

Mohe ang ang kayi rang rang
Koyi hara gulaabi laal
Yeh dharti mere paaon ki mehndi
Ambar laal gulaal
Ye mausam milne ka hai
Phoolon ke khilne ka hai
Aa ja re more saiyaan
Aa ja re more rasiya
Aa ja...

Baadal mein se chandrama mohe dekh dekh muskaaye
Mujh se meri chaal poochhne pawan jhakore aaye
Ye mausam milne ka hai
Phoolon ke khilne ka hai
Aa ja re more saiyaan
Aa ja re more rasiya
Aa ja...

Lahraati bal khaati nadiya bulaaye
Koyal ki peehu peehu piya piya gaaye
Aaja re aaja re
Dil mein sama ja re
Kayi naam kayi roop mere rom rom mein jaage
Jag saara mujh ko bas apna apna laage

126

YE MAUSAM MILNE KA HAI
PHOOLON KE KHILNE KA HAI
AA JA RE MORE SAIYAAN
AA JA RE MORE RASIYA
AA JA...

DAALI DAALI JHOOM JHOOM RASTAH DIKHLAAYE
SHABNAM KE MOTI MERE OOPAR LUṬAAYE
AAJA RE AAJA RE
DIL MEIN SAMA JA RE
YEH ḌAGAR ḌAGAR KARE JAGAR JAGAR JAB TERE RASTE JAAOON
MAIN YAAD RAKHOON TUJH KO RASIYA
MAIN KISI KO YAAD NAH AAOON
YE MAUSAM MILNE KA HAI
PHOOLON KE KHILNE KA HAI
AA JA RE MORE SAIYAAN
AA JA RE MORE RASIYA
AA JA, AA JA, AA JA, AA JA...

Lar gaiyan

Saiyan ke gher hai jana, jakar le ao palki
Karlo gana bajana, rukne na paye dholki
Din kaatay hain gin gin ke, thi lambi ghariyan saal ki
Sajna se ab hai milna, koi rah dekha sasural ki

Gaiyan gaiyan, lar gaiyan X2

Tere hathon pe kaise mehendi khili hai
Rangon se chahaton ki dori bandhi hai
Nazon pali hai meethi gurh ki dali hai
Chamki chunri ke neeche dulhan chali hai

Taaq piya jab doray daale, man bhagay torh ke taalay
Piya jab doray daala, man tore sab taalay

(Lar gaiyan gaiyan lar gaiyan
Jab se akhiyan lar gaiyan
Mil gaiyan gaiyan Mil gaiyan
Dil ki kariyan mil gaiyan) X3

(Kehna tha kehna paye, dil meh bhi reh na paye
Tum jo aye toh armaan samne aye) X2

Rehne do sab majbooriyan, kahe ko hain ye dooriyan
Ab heer khilaye ranjhe ko apne haathon se juriyan

TAAQ PIYA JAB DORAY DAALE, MAN BHAGAY TORH KE TAALAY
PIYA JAB DORAY DAALA, MAN TORE SAB TAALAY

(LAR GAIYAN GAIYAN LAR GAIYAN
JAB SE AKHIYAN LAR GAIYAN
MIL GAIYAN GAIYAN MIL GAIYAN
DIL KI KARIYAN MIL GAIYAN) X3

MERE SAPNON KI RANI

(MERE SAPNON KI RANI KAB AAYEGI TU
AAYI RUT MASTAANI KAB AAYEGI TU
BEETI JAAYE ZINDAGAANI KAB AAYEGI TU
CHALI AA, TU CHALI AA) X2

(PYAAR KI GALIYAAN, BAAGON KI KALIYAAN
SAB RANG RALIYAAN POOCHH RAHI HAIN) X2
GEET PANGHAT PE KIS DIN GAAYEGI TU

MERE SAPNON KI RANI KAB AAYEGI TU
AAYI RUT MASTAANI KAB AAYEGI TU
BEETI JAAYE ZINDAGAANI KAB AAYEGI TU
CHALI AA, TU CHALI AA

(PHOOL SI KHILKE, PAAS AA DIL KE
DOOR SE MILKE CHAIN NA AAYE) X2
AUR KAB TAK MUJHE TADPAAYEGI TU

MERE SAPNON KI RANI KAB AAYEGI TU
AAYI RUT MASTAANI KAB AAYEGI TU
BEETI JAAYE ZINDAGAANI KAB AAYEGI TU
CHALI AA, TU CHALI AA

(KYA HAI BHAROSA AASHIQ DIL KA
AUR KISI PE YEH AA JAAYE) X2
AA GAYA TO BAHUT PACHTAAYEGI TU

MERE SAPNON KI RANI KAB AAYEGI TU
AAYI RUT MASTAANI KAB AAYEGI TU
BEETI JAAYE ZINDAGAANI KAB AAYEGI TU
CHALI AA, HAAN TU CHALI AA

CHALI AA, TU CHALI AA
CHALI AA, HAAN TU CHALI AA

Uri jab jab zulfein

Ho uden jab jab zulfein teri X2
Kunwariyon ka dil machle
Kunwariyon ka dil machle jind meriye

Ho jab aise chikne chehre X2
To kaise na nazar phisle
To kaise na nazar phisle jind meriye

Ho rut pyaar karan ki aayi X2
Ke beriyon ke ber pak gaye
Ke beriyon ke ber pak gaye jind meriye

Ho kabhi daal idhar bhi phera X2
Ke tak tak nain thak gaye
Ke tak tak nain thak gaye jind meriye

Ho us gaanv se sanvar kabhi sadqe X2
Ke jahan mera yaar basta
Ke jahan mera yaar basta jind meriye

Ho paani lene ke bahaane aaja X2
Ke tera mera ik rasta
Ke tera mera ik rasta jind meriye

HO TUJHE CHAAND KE BAHAANE DEKHOON X2
TU CHHAT PAR AAJA GORIYE
TU CHHAT PAR AAJA GORIYE JIND MERIYE

HO ABHI CHHEDENGE GALI KE SAB LADKE X2
KE CHAAND BAIRI CHHIP JAANE DE
KE CHAAND BAIRI CHHIP JAANE DE JIND MERIYE

HO TERI CHAAL HAI NAGIN JAISI X2
RI JOGI TUJHE LE JAAYENGE
RI JOGI TUJHE LE JAAYENGE JIND MERIYE

HO JAAYEIN KAHIN BHI MAGAR HUM SAJNA X2
YEH DIL TUJHE DE JAAYENGE
YEH DIL TUJHE DE JAAYENGE JIND MERIYE

Dhoondo dhoondo re sajna

(Dhoondo dhoondo re saajna
Dhoondo re saajna
More kaan ka baala, oh) X2

Mora baala chanda ka jaise haala re X2
Jaame laale laale haan
Jaame laale laale motiyan ke latke maala

Main soyi thi apni atariya
Sapnon ne daaka daala
Lut gayi nindiya, gir gayi bindiya
Kaanon se khul gaya baala balam
Mora baala chanda ka jaise haala re
Jaame laale laale haan
Jaame laale laale motiyan ke latke maala

Oh, dhoondo dhoondo re saajna
Dhoondo re saajna
More kaan ka baala

Baala mora baalepan ka
Ho gayi re jaan ki chori
O chhaila tora manva maila
Laagi najariya tori balam
Mora baala chanda ka jaise haala re

JAAME LAALE LAALE HAAN
JAAME LAALE LAALE MOTIYAN KE LATKE MAALA

OH, DHOONDO DHOONDO RE SAAJNA
DHOONDO RE SAAJNA
MORE KAAN KA BAALA

BAALA MORA SAJIYA PE GIR GAYA
DHOONDE RE MORE NAINA
NA JAANOON PIYA TUNE CHURAAI LIYA
DAIYYA RE KAL KI RAINA BALAM
MORA BAALA CHANDA KA JAISE HAALA RE
JAAME LAALE LAALE HAAN
JAAME LAALE LAALE MOTIYAN KE LATKE MAALA

OH, DHOONDO DHOONDO RE SAAJNA
DHOONDO RE SAAJNA
MORE KAAN KA BAALA

135

Mera piya gher aya

Laaya baraat laaya,
Ghunghata uthaane aaya
Apana banaane aaya woh
Chanda bhi saath laaya,
Taare bhi saath laaya
Paagal banaane aaya woh
Meraa piya ghar aaya, o raamji X4

Hoo meri paayal chhanake chhan chhan
Meri bindiya chamake chham chham
Meraa kangana khanake khan khan
Meraa nikala jaaye dam dam

Divaani mai divaani,
Sharam ko chhod dungi
Mai abb naachungi itana,
Ki ghungaru tod dungi
Najar kaa vaar hoga,
Jigar ke par hoga
Meri aankho ke
Aage meraa dildaar hoga
Meraa kangana khanake khan khan
Meraa nikala jaaye dam dam

Laaya baraat laaya,
Ghunghata uthaane aaya

APANA BANAANE AAYA WOH

CHANDA BHI SAATH LAAYA,

TAARE BHI SAATH LAAYA

PAAGAL BANAANE AAYA WOH

MERAA PIYA GHAR AAYA, O RAAMJI X4

HOO MERAA DHALTA JAAYE AANCHAL,

MERAA BIKHRA JAAYE KAAJAL

MUJHE LAGATA HAI YEH PAL PAL,

HO JAAUNGI MAI PAAGAL

KABHI RUTHUNGI USSE,

KABHI HOGI SHARAARAT

KABHI KOYI GUSSA USKA,

KABHI HOGI MOHABBAT

DHADAKATA HAI DIL MERAA,

NAA JAANE KYA KARU MAI

KUCHH HONE VALA HAI JI,

NAA JAANE KYUN DARU MAIN

MERAA DHALATA JAAYE AANCHAL,

MERAA BIKHARA JAAYE KAAJAL

LAAYA BARAAT LAAYA,

GHUNGHATA UTHAANE AAYA

APANA BANAANE AAYA WOH

CHANDA BHI SAATH LAAYA,

TAARE BHI SAATH LAAYA

PAAGAL BANAANE AAYA WOH

MERAA PIYA GHAR AAYA, O RAAMJI X4

Humne tumko dekha

(Are hamne tumko dekha
Tumne hamko dekha aise) X3
Hum tum sanam saathon janam
Milte rahe ho jaise
Oho hamne tumko dekha
Tumne hamko dekha aise
Hum tum sanam saathon janam
Milte rahe ho jaise

Ankhon ka rahe rahe ke
Milna milke jhook jana
Kar dehti hai yehi
Adayen dil ko diwana
Ankhon ka rahe rahe ke
Milna milke jhook jana
Kar dehti hai yehi
Adayen dil ko diwana
Hua yun saamna
Pada dil thamna
Oho hua yun saamna
Pada dil thamna
Oho hamne tumko dekha
Tumne humko dekha aise
(Hum tum sanam saathon janam
Milte rahe ho jaise) X2

Baste baste bas

Jayegi is dil ki basti

Tab hi jeevan me ayegi

Pyar bhari masti

Baste baste bas

Jayegi is dil ki basti

Tab hi jeevan me ayegi

Pyar bhari masti

Hamari dastaan

Kahega yeh jahan

Oho hamari dastaan

Kahega yeh jahan

Oho hamne tumko dekha

Tumne humko dekha aise

Hum tum sanam saathon

Janam milte rahe ho jaise

Oho hamne tumko dekha

Tumne humko dekha aise

Hum tum sanam

La la la la la la

SALAM-E-ISHQ

TERI AANKHON KE MATVAALE KAAJAL KO MERA SALAAM
ZULFON KE KALE KALE BAADAL KO MERA SALAAM
TERI AANKHON KE MATVAALE KAAJAL KO MERA SALAAM
ZULFON KE KALE KALE BAADAL KO MERA SALAAM
GHAYAL KAR DE MUJHE YAAR TERE PAAYAL KE JHANKAR
HEY SONI SONE TERI SONI HAR ADAAH KO SALAAM
SALAAM-E-ISHQ ISHQ ISHQ SALAAM-E-ISHQ X2

HO TERI MASTAANI ANJAANI BATAON KO MERA SALAAM
RANGON MEIN DOOBI DOOBI RAATON KO MERA SALAAM
KHWAABON MEIN KHO GAYI MAIN DEEWANI HO GAYI MAIN
SONEY SONEY AISSE SONEY HAR ADAA KO SALAAM
SALAAM-E-ISHQ ISHQ ISHQ SALAAM-E-ISHQ X2

HO TERI HATHHAWITCH MEHANDI KA RANG KHILA HAIN
TUJHE SAPANO DA CHANGA MEHBOOB MILA HAIN
MERI BANNO PYAARI PYAARI SARI DUNIYA SE NYAARI
ISE DOLI MEIN TU LEJA DOLIYAAN, DOLIYAAN...

TERI MERI NAZAR JO MILI PEHLI BAAR
HO GAYA HO GAYA TUJHSE PYAAR
DIL HAI KYA DIL HAI KYA JAAN BHI TUJHPE NISAAR
MAINE TUJHE KIYA AITBAAR
HO MAIN BHI TOH TUJHPE MAR GAYI
DEEWANAPAN KYA KAR GAYI
MERI HAR DHAKAN BETAAB HAI

140

PALKON VICH TERA KHWAAB HAI
HO JAAN SE BHI PYAARI PYAARI JAANIYA KO SALAAM

SALAAM-E-ISHQ...
SALAAM-E-ISHQ ISHQ ISHQ SALAAM-E-ISHQ X2

MAIN TERE ISHQ MEIN DO JAHAN VAAR DOON
MERE VAADE PE KAR LE YAKEEN
KEH RAHE HAI ZAMEEN KEH RAHA AASMAN
TERE JAISSA DOOJA NAHIN
HO AISSE JAADOON NA DAAL VE
NAA AAON TERE NAAL VE
JHOOTI TEREEFEIN CHODH DE
AB DIL MERE DIL SE JOD DE
HO JO ABHI HAI DIL SE NIKLI USS DUA KO SALAAM

SALAAM-E-ISHQ...
SALAAM-E-ISHQ ISHQ ISHQ SALAAM-E-ISHQ X2

RAB SE HAI ILTIJA MAAF KAR DE MUJHE
MAIN TOH TERI IBAADAT KAROON
AYE MERI SONIYE NA KHABAR HAI TUJHE
TUJHASE KITNI MOHOBBAT KAROON
TERE BIN SAB KUCH BENOOR HAI
MERI MAANG MEIN TERE SINDOOR HAI
SANSON MEIN YEHI PAIGAAM HAI
MERA SAB KUCH TERE NAAM HAI
HO DHADKANON MEIN REHNEWAALI SONIYE KO SALAAM

SALAAM-E-ISHQ

TERI AANKHON KE MATVAALE KAAJAL KO MERA SALAAM
ZULFON KE KALE KALE BAADAL KO MERA SALAAM
KHWAABON MEIN KHO GAYI MAIN DEEWANI HO GAYI MAIN
SONEY SONEY TERI SONEY HAR ADAA KO SALAAM

SALAAM-E-ISHQ ISHQ ISHQ SALAAM-E-ISHQ X2

Salam-e-ishq

Salaame-ishq meri jaa
Zara qubul kar lo
Salaame-ishq meri jaa
Zara qubul kar lo
Tum hamase pyaar
Karane ki zara si bhul kar lo
Meraa dil bechain hai
Meraa dil bechain
Hai hamasafar ke liye
Meraa dil bechain
Hai hamasafar ke liye
Salaame-ishq meri jaa
Zara qubul kar lo
Tum hamase pyaar
Karane ki zara si bhul kar lo

Meraa dil bechain
Hai hamasafar ke liye
Meraa dil bechain
Hai hamasafar ke liye
Salaame-ishq meri jaa
Zara qubul kar lo

Mai sunaaun tumhe
Baat ik raat ki
Mai sunaaun tumhe

BAAT IK RAAT KI
CHAAD BHI APANI
PURI JAVAANI PE THAA
DIL ME TUFAAN THAA
EK ARMAAN THAA
DIL KAA TUFAAN APANI

RAVAANI PE THAA
EK BAADAL UDHAR SE
CHALAA JHUM KE
EK BAADAL UDHAR SE
CHALAA JHUM KE
DEKHATE DEKHATE
CHAAD PAR CHHAA GAYA
CHAAD BHI KHO GAYA
USAKE AAGOSH ME
UF YE KYAA HO GAYA
JOSH HI JOSH ME
MERAA DIL DHADAKAA
MERAA DIL TADAPAA
KISIKI NAZAR KE LIYE
MERAA DIL TADAPAA
KISIKI NAZAR KE LIYE
SALAAME-ISHQ MERI JAA
ZARA QUBUL KAR LO

ISAKE AAGE KI AB
DAASTA MUJHASE SUN

SUN KE TERI NAZAR
DABADABAA JAAEGI
BAAT DIL KI JO AB TAK
TERE DIL ME THI
MERAA DAAVAA HAI
HOTHO PE AA JAAEGI
TU MASIHAA MUHABBAT
KE MAARO KAA HAI
MASIHAA
MASIHAA MUHABBAT
KE MAARO KAA HAI
TU MASIHAA MUHABBAT
KE MAARO KAA HAI
HAM TERAA NAAM
SUN KE CHALE AAE HAI
AB DAVAA DE HAME
YAA TU DE DE ZAHAR
TERI MAHAFIL ME
YE DILAJALE AAE HAI
EK EHASAAN KAR EHASAAN KAR
IK EHASAAN KAR APANE
MEHAMAAN PAR
APANE MEHAMAAN
PAR EK EHASAAN KAR
DE DUAAE DE DUAAE
TUJHE UMR BHAR KE LIYE
DE DUAAE TUJHE

Umr bhar ke liye

Salaame-ishq meri jaa
Zara qubul kar lo
Tum hamase pyaar
Karane ki zara si bhul kar lo
Meraa dil bechain
Hai hamasafar ke liye
Meraa dil bechain
Hai hamasafar ke liye
Salaame-ishq meri
Jaa zara qubul kar lo

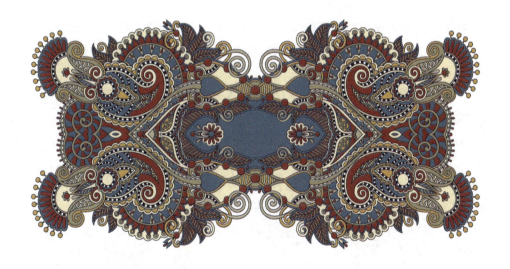

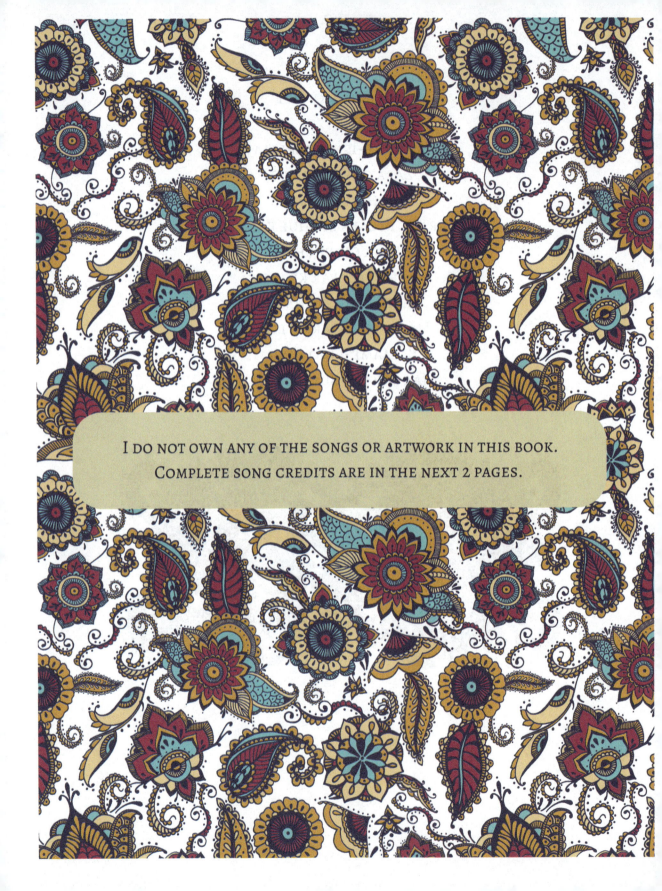

Song	Film/Album	Writer	Composer	Singer
Bole Churiyan	Kabhi Khushi kabhi Gham	Sameer Anjaan	Jatin-Lalit	Sonu Nigam, Udit Narayan, Alka Yagnik, Amit Kumar, Kavita Krishnamurthy
Mehendi Hai Rachne Wali	Zubaida	Javed Akhtar	A R Rehman	Alka Yagnik
Laal Dupatta	Mujhse Shadi Karogi	Arun Bhairav	Sajid-Wajid	Alka Yagnik, Udit Narayan
Raja Ki Ayegi Baraat	Aah	Shailendra	Shankar Jaikishan	Lata Mangeshkar
Sajan Sajan Teri Dulhan	Aarzu	Anand Bakshi	Anu Malik	Alka Yagnik
Mehendi Ki Raat Ayi	Dandia Hits	Unknown	Unknown	Junaid Jamshed
Likh Ke Mehendi Se Sajna Ka Naam	Ishq Hua	Faaiz Anwer	Nikhil, Vinay	Anuradha Paudwal
Mahi Aweiga Mei Phulaan Naal	Shazia Manzoor	Nazir Ali	Unknown	Shazia Manzoor
Mehendi Rachegi Tere Haath	Unknown	Unknown	Unknown	Hadiqa Kiyani
Mehendi Lagaon Gi Mei Sajna Ke Naam Ki	Unknown	Anand Raj Anand, Shyam Anuragi	Anand Raj Anand	Vibha Sharma
Meri Banno Ki Ayegi Baraat	Aaina	Sameer	Dilip Sen, Sameer Sen	Pamela Chopra
Mere Hathon Mei Nau Nau Churiyan Hain	Chandni	Anand Bakshi	Hariprasad Chaurasia, Shivkumar Sharma	Lata Mangeshkar
Gali Meh Aj Chaand Nikla	Zakhm	Anand Bakshi	M M Kreem	Alka Yagnik
Pairon Meh Bandhan Hai	Mohabbatein	Anand Bakshi	Jatin and Lalit	Lata Mangeshkar, Udit Narayan, Udbhav, Ishaan, Manohar Shetty, Shweta Pandit, Sonali Bhatwadekar and Pritha Mazumdar
Dheeme Dheeme Gaon	Zubaida	Javed Akhtar	A R Rehman	Kavita Krishnamurthy
Ek Din Ap Yun Humko Miljayeinge	Yes Boss	Javed Akhtar	Jatin and Lalit	Kumar Sanu, Alka Yagnik
Damadam Mast Qalandar	Unknown	Amir Khosro	Unknown	Abida Parveen
Taali De Thallay	Unknown	Unknown	Unknown	Nazia Hassan
Pardesiya Yeh Sach Hai Piya	Mr. Natwerlal	Anand Bakshi	Rajesh Roshan	Kishore Kumar, Lata Mangeshkar
Aj Kal Tere Mere Pyar Ke Charchay	Bhramachari	Hasrat Jaipuri	Shailendra Singh	Mohammad Rafi and Lata Mangeshkar
Sajan Ji Gher Aye	Kuch Kuch Hota Hai	Sameer	Jatin-Lalit	Alka Yagnik, Kavita Krishnamurthy, Kumar Sanu
Maeine Payal Hai Chankayi	Maeine Payal Hai Chankayi	Lalit Sen	Lalit Sen	Falguni Pathak
Chitta Kukkar	Unknown	Unknown	Unknown	Mussarat Nazeer
Maye Ni Maye Munder Pe Tere	Hum Ap Ke Hain Kon	Dev Kohli	Raam Laxman	Lata Mangeshkar
Palki Meh Hoke Sawar	Khal Nayak	Anand Bakshi	Laxmikant Pyarelal	Alka Yagnik
Bano Ki Saheli	Kabhi Khushi Kabhi Gham	Sameer Anjaan	Jatin-Lalit	Alka Yagnik, Udit Narayan
Dholi Taro Dhol Baje	Hum Dil De Chuke Sanam	Mehboob Alam Kotwal	Ismail Darbar	Karsan Sagathia, Kavita Krishnamurthy, Vinod Rathod
Ghar Aya Mera Pardesi	Awara	Shailendra	Jaikishan Dayabhai Panchal, Shankar Singh Raghuvanshi	Lata Mangeshkar
Ayi Mehendi Ki Yeh Raat	Mehendi	Israr Ali	Waqar Ali	Jawad Ahmed
Mere Nehar Se Aj Mujhe Aya	Unknown	Unknown	Abida Khanam	Abida Khanam
Hath Meh Zard Rumaal	Unknown	Unknown	Unknown	Unknown
Mathay De Chamkan Waal	Sehrabandi	Unknown	Rehana Khan	Mussarat Nazeer
Bhomro Bhomro	Mission Kashmir	Rahat Indori	Shankar	Shankar Mahadevan, Jaspinder Narula, Sunidhi Chauhan
Tareef Karon Kia Uski	Kashmir Ki Kali	S H Bihari	O P Nayyar	Mohammad Rafi

Tenu Leke Mei Jawan Ga	Salaam-e-Ishq	Sameer	Shankar Ehsaan Loy	Mahalakshmi Iyer, Sonu Nigam
Ko Ko Korina	Armaan	Masroor Anwar	Sohail Rana	Ahmed Rushdi
Mehendi Lagake Rakhna	Dilwale Dulhaniya Lejayeinge	Anand Bakshi	Jatin-Lalit	Lata Mangeshkar, Udit Narayan
Mahi Ve	Kal Ho Na Ho	Javed Akhtar	Shankar–Ehsaan–Loy	Sadhana Sargam, Shankar Mahadevan, Sonu Nigam, Sujata Bhattacharya, Udit Narayan
The Medley	Mujhse Dosti Karogi	Various	Various	Various
Banno Tere Abba Ki Unchi Haveli	Unknown	Unknown	Unknown	Unknown
Meine Tumhari Gagar Se	Alamgeer	Shabi Farooqi	Unknown	Alamgeer
Luddi He Jamalo	Tarang	Khawaja Pervaiz	Unknown	Ali Haider
Ballay Ballay	Bin Roye	Shakeel Sohail	Shiraz Uppal	Shiraz Uppal, Harshdeep Kaur
Zara Dholki Bajao Gorion	Sargam	Ravindra Jain, Saawan Kumar Tak	Adnan Sami	Adnan Sami Khan and Asha Bhosle
Sanwali Saloni Si Mehbooba	Vital Signs	Vital Signs	Vital Signs	Junaid Jamshed
Kabhi Payal Baaje Chan	Raheem Shah	Raheem Shah	Raheem Shah	Raheem Shah
Dil Wale Dulhaniya Lejayeinge	Chor Machaye Shor	Indrajeet Singh Tulsi	Ravindra Jain	Kishore Kumar, Asha Bhosle
Piyara Bhaiya Mera	Kya Kehna	Majrooh Sultanpuri	Rajesh Roshan	Alka Yagnik, Kumar Sanu.
Chote Chote Bhaiyun Ke Barre Bhaiya	Hum Saath Saath Hain	Dev Kohli	Raamlaxman	Kavita Krishnamurthy, Kumar Sanu, Udit Narayan
Lo Chali Mein	Hum Ap Ke Hain Kon	Ravinder Rawal	Raamlaxman	Lata Mangeshkar
Shadmani Ho Shadmani	Boxer	Gulshan Bawra	Rahul Dev Burman	Hariharan, Kavita Krishnamurthy, Vanita Mishra
Mehndi Ni Mehendi	Ek Haseen Sham	Wazir Afzal	Unknown	Mussarat Nazeer
Lathay Di Chadar	Ek Haseen Sham	Unknown	Unknown	Mussarat Nazeer
Laung Gawacha	Ek Haseen Sham	Khawaja Pervaiz	Unknown	Mussarat Nazeer
Mehendi Na Mujhko Lagana	Chori Chori	Anand Bakhsi	Sajid-Wajid	Alka Yagnik
Mujhe Sajan Ke Gher Jana Hai	Lajja	Sameer	Anu Malik, Ilaiyaraaja	Alka Yagnik, Richa Sharma, Sonu Nigam
Mehendi Rang Layi	Chal Mere Bhai	Sameer	Anand Shrivastav, Milind Shrivastav	Alka Yagnik, Jaspinder Narula, Sonu Nigam, Udit Narayan
Aya Lariye	Coke Studio	Unknown	Unknown	Misha Shafi, Naeem Abbas Rufi
Chaap Tilak	Hadiqa Kiyani	Amir Khosro	Unknown	Hadiqa Kiyani
Din Shagna Da	Phillauri	Neeraj Rajawat	Jasleen Royal	Jasleen Royal
Jab Kisi Ko Kisi Se	Tum Bin	Faaiz Anwer	Nikhil, Vinay	Anuradha Paudwal, Sonu Nigam
Aja Re More Saiyan	Coke Studio	Zehra Nigah	Noori	Zeb Bangash
Lar Gaiyan	Dobara Phir Se	Shakeel Sohail	Shiraz Uppal	Zarish Hafeez, Shiraz Uppal
Mere Sapnon Ki Rani	Aradhana	Anand Bakshi	Sachin Dev Burman	Kishore Kumar
Uri Jab Jab Zulfein Teri	Naya Daur	Sahir Ludhianvi	Omkar Prasad Nayyar	Asha Bhosle, Mohammed Rafi
Dhoondo Dhoondo Re Sajna	Ganga Jamna	Shakeel Badayuni	Naushad Ali	Lata Mangeshkar, Mohammed Rafi
Mera Piya Gher Aya	Yaarana	Maya Govind	Anu Malik	Kavita Krishnamurthy
Humne Tumko Dekha	Khel Khel Mein	Gulshan Bawra	Rahul Dev Burman	Shailendra Singh
Salaam-e-Ishq	Salaam-e-Ishq	Sameer	Shankar Ehsaan Loy	Sonu Nigam, Shreya Ghoshal, Kunal Ganjawala, Sadhana Sargam and Shankar Mahadevan
Salaam-e-Ishq	Muqaddar Ka Sikandar	Anjaan	Anandji Virji Shah, Kalyanji Virji Shah	Kishore Kumar, Lata Mangeshkar

Made in United States
North Haven, CT
24 May 2025

69162890R00085